Best seller & Long seller

日中中日翻訳必携　実戦編Ⅱ
脱・翻訳調を目指す訳文のコツ

武吉次朗 著

日中翻訳学院「武吉塾」の授業内容を凝縮した「実戦編」第二弾！ワンランク上の訳文に仕上げる「コツ」を全 36 回の課題と訳例・講評で学ぶ。

四六判 192 頁 並製 定価 1800 円＋税
2016 年刊　ISBN 978-4-86185-211-4

新中国に貢献した日本人たち
友情で綴る戦後史の一コマ

中国中日関係史学会 編
武吉次朗 訳

埋もれていた史実が初めて発掘された。日中両国の無名の人々が苦しみと喜びを共にする中で、友情を育み信頼関係を築き上げた無数の事績こそ、まさに友好の原点といえよう。元副総理・後藤田正晴

A5 判 454 頁 並製 定価 2800 円＋税
2003 年刊　ISBN 978-4-93149-057-4

中国人がいつも大声で喋るのはなんでなのか？　中国若者たちの生の声、第 8 弾！

段躍中 編

読売新聞 (2013 年 2 月 24 日付) 書評に大きく掲載。朝日新聞にも紹介。受賞作「幸せな現在」は、祖父の戦争体験を踏まえ、日中両国の人々が「過去の影」に縛られてはいけないと書き綴った。

A5 判 240 頁 並製 定価 2000 円＋税
2012 年刊　ISBN 978-4-86185-140-7

日本語と中国語の落し穴
同じ漢字で意味が違う – 用例で身につく「日中同字異義語 100」

久佐賀義光 著
王達 監修

"同字異義語" を楽しく解説した人気コラムが書籍化！中国語学習者だけでなく一般の方にも。漢字への理解が深まり話題も豊富に。

四六判 252 頁 並製 定価 1900 円＋税
2015 年刊　ISBN 978-4-86185-177-3

中国の対日宣伝と国家イメージ
対外伝播から公共外交へ

第一回中日公共外交研究賞受賞作品
趙新利 (中国伝媒大学副教授) 著
趙憲来 訳

日本人は中国の対日宣伝工作をどう理解すべきかー。新進気鋭の中国人がやさしく解説！
山本武利・早稲田大学名誉教授 推薦

A5 判 192 頁 上製 定価 5800 円＋税
2011 年刊　ISBN 978-4-86185-109-4

日本における新聞連載 子ども漫画の戦前史　日本の漫画史研究の空白部分

日本教育部「優秀成果」三等賞受賞
第十四回華人学術賞受賞作品
徐園 (中国人民大学講師) 著

東京で発行された新聞を題材にして、子ども漫画が出版し始めた明治後期から敗戦までのおよそ 50 年間の、新聞連載子ども漫画の歴史を明らかにする。

A5 判 384 頁 上製 定価 7000 円＋税
2012 年刊　ISBN 978-4-86185-126-1

中国東南地域の民俗誌的研究
漢族の葬儀・死後祭祀と墓地

第十六回華人学術賞受賞作品
何彬 (首都大学東京教授) 著

経済開放で激変する地域社会の「墓地」に着目し、漢族の深層に潜む他界観・祖先観・霊魂観を解明。

A5 判 320 頁 上製 定価 9800 円＋税
2013 年刊　ISBN 978-4-86185-157-5

移行期における中国郷村政治構造の変遷 - 岳村政治 -

于建嶸 (中国社会科学院教授) 著
徐一睿 訳　寺出道雄 監修

中国農村の政治発展プロセスを実証的に明らかにし、「現代化」の真髄に迫る！中国社会政治学の第一人者が世に問う自信の書！

A5 判 450 頁 上製 定価 6800 円＋税
2012 年刊　ISBN 978-4-86185-119-3

日本図書館協会選定図書

日本僑報社
171-0021 東京都豊島区西池袋 3-17-15
Tel 03-5956-2808 Fax 03-5956-2809
info@duan.jp   http://jp.duan.jp

「ことづくりの国」日本へ
そのための「喜怒哀楽」世界地図

関口知宏 著
NHK解説委員・加藤青延氏推薦

鉄道の旅で知られる著者が、世界を旅してわかった日本の目指すべき指針とは「ことづくり」だった！「驚くべき世界観が凝縮されている」と加藤氏推薦。

四六判 248 頁並製 定価 1600 円+税
2014 年刊 ISBN 978-4-86185-173-5

日本の「仕事の鬼」と中国の＜酒鬼＞
漢字を介してみる日本と中国の文化

冨田昌宏 著

鄧小平訪日で通訳を務めたベテラン外交官の新著。ビジネスで、旅行で、宴会で、中国人もうならせる漢字文化の知識を集中講義！

四六判 192 頁並製 定価 1800 円+税
2014 年刊 ISBN 978-4-86185-165-0

新疆物語
―絵本でめぐるシルクロード

王麒誠 著
本田朋子（日中翻訳学院）訳

日本ではあまり知られていない新疆の魅力がぎっしり詰まった中国のベストセラーを全ページカラー印刷で初翻訳。

A5 判 182 頁並製 定価 980 円+税
2015 年刊 ISBN 978-4-86185-179-7

現代中国カルチャーマップ
百花繚乱の新時代

孟繁華 著
日中翻訳学院
脇屋克仁、松井仁子 共訳

悠久の歴史とポップカルチャーの洗礼、新旧入り混じる混沌の現代中国を文学・ドラマ・映画・ブームなど立体的によみとく1冊。

A5 判 256 頁並製 定価 2800 円+税
2015 年刊 ISBN 978-4-86185-201-5

春草
道なき道を歩み続ける中国女性の半生記

裘山山 著 于暁飛 監修
徳田好美・隅田和行 共訳

中国でテレビドラマ化され大反響を呼んだ『春草』の日本語版。現代中国女性文学の傑作で、中国版「おしん」の半生記ともいわれて人気を集めた。

四六判 448 頁並製 定価 2300 円+税
2015 年刊 ISBN 978-4-86185-181-0

人民元読本
今こそ知りたい！中国通貨国際化のゆくえ

陳雨露 著
森宣之（日中翻訳学院）訳
野村資本市場研究所シニアフェロー・関志雄氏推薦

本書は、貨幣史や、為替制度、資本移動の自由化など、様々な角度から人民元を分析。「最も体系的かつ権威的解説」

四六判 208 頁並製 定価 2200 円+税
2014 年刊 ISBN 978-4-86185-147-6

日中対立を超える「発信力」
中国報道最前線 総局長・特派員たちの声

段躍中 編

未曾有の日中関係の悪化。そのとき記者たちは…日中双方の国民感情の悪化も懸念される 2013 年夏、中国報道の最前線の声を緊急発信すべく、ジャーナリストたちが集まった！

四六判 240 頁並製 定価 1350 円+税
2013 年刊 ISBN 978-4-86185-158-2

日中関係は本当に最悪なのか
政治対立下の経済発信力

日中経済発信力プロジェクト 編著

2万社の日系企業が 1000 万人雇用を創出している中国市場。経済人ら 33 人がビジネス現場から日中関係打開のヒントを伝える！

四六判 320 頁並製 定価 1900 円+税
2014 年刊 ISBN 978-4-86185-172-8

"日本嫌い"の中国の大学生を減らしたい

日本語で日本理解を！
夫婦の「手作り・日中交流」28年
－1989年（平成元年）～2016年（平成28年）－

大森和夫・大森弘子 編著

337枚の写真で見る

中国の日本語教育関係者が称賛！！

☆ 大森さんご夫妻が個人の力で、しかも、四畳半の一室で長い間、日本語交流活動を続けてこられたことに感動させられる。
　　　　―胡振平（中国日語教学研究会会長、洛陽外国語学院教授）　　1999年
☆ 中国の日本語教育史に忘れられない一ページを残しました。
　　　　―陳月吾（中南大学教授・湖南省長沙市）　　2007年
☆ ご夫妻の行動から、『中日友好』の原動力になる多大な精神力を頂きました。
　　　　―王健宜（南開大学外国語学院教授・天津市）　　2010年
☆ 両国の『日本語交流の歴史』にいつまでも刻まれることでしょう。
　　　　―曲　維（遼寧師範大学副学長・遼寧省大連市）　　2010年
☆ ご夫妻が蒔かれた中日友好の種は、中国の大地で、続々と若い芽を出しています。そして、広い中国のあちこちで、美しい花を咲かせています。近い将来、もっと大きな実をつけることでしょう。
　　　　―劉愛君（大連工業大学教授）、陶　金（大連海事大学講師）　　2012年
　　　　　　　　　　　　　　　　　　　　　　（それぞれの肩書きは、当時）

日本僑報社

目次

巻頭 ……………………………………………………………… 3

《中国の 319 大学と「日本語交流」》、など

はじめに ………………………………………………………… 5

《"スイッチ"を入れてくれた中国人留学生「胡東旭」君》、など

一部 28 年間を"支えたもの" ……………………………… 10

《28 年間の「活動の拠点」は「自宅の四畳半」》、など

二部「日本語交流活動」の数々 …………………………… 21

　一章・『日本語教材』の発行と寄贈＝【一】～【七】………… 22
　《28 年間に中国の大学に寄贈した日本語教材約 31 万冊の内訳》
　二章・『日本語作文コンクール』を 16 回開催 ……………… 54
　三章・「中日友好」に関する『アンケート調査』……………… 71
　四章・『出版物』…………………………………………………… 74
　五章・そのほかの「日本語交流」……………………………… 77
　六章・一節「主な日本語交流活動」二節"あれこれ" ……… 83

三部 中国の大学（日本語科）から届いた
「学生と教師の『声』」「163 人＋1 大学日本語科全体」…………… 93

　一章・【日本語教材】の感想・52 人＋1 大学日本語科全体…94
　二章・『日本語作文コンクール』の入賞作文（抜粋）・35 人…111
　三章・『アンケート』の回答・60 人 ………………………… 131
　四章・「手紙」と「Eメール」・16 人 ……………………… 137

おわりに ……………………………………………………… 143

編著者の略歴 ……………………………………………… 144

中国の319の大学（日本語科）と「日本語交流」

「中国の大学との交流」を示した地図と独自に作成・寄贈した『日本語教材』

活動を始めてから、「交流した大学の所在地」を中国全土の地図に、「小さな赤いラベル」で印を付けてきた。その数は319。

28年間に交流した中国の大学の所在地は—北京市。上海市。天津市。重慶市。新疆ウイグル自治区。黒龍江省。内モンゴル自治区。吉林省。遼寧省。山西省。河北省。陝西省。湖北省。山東省。甘粛省。青海省。四川省。河南省。安徽省。江蘇省。湖南省。福建省。浙江省。貴州省。江西省。広東省。雲南省。海南省。西チワン族自治区。

中国で行った最初のイベント

「第一回『中国の大学生・日本語作文コンクール』」の表彰式
（1993年4月・天津市の南開大学で）

【28年間の活動の"結晶"】

中国からの「切手」で「日中友好」の"貼り絵"

左・【作製・大森弘子】2012年まで保存していた、中国の学生や先生方から届いた手紙・作文とアンケートの封筒などの切手約4,500枚のうち、約1,500枚を使って「日中友好を象徴する貼り絵」(中国の国旗・万里の長城・牡丹と日本の国旗・富士山・桜)をＡ３(297mm×420mm)の画用紙に作製。「切手の色の部分」を切り取って一枚一枚貼り付け、輪郭も切手を細く切って貼り、画面は切手のみ。

『貼り絵』作製の道具は、ハサミ、ピンセット、化学糊など。完成までに約4カ月。

右・2014年10月。中国・北京の在中国日本国大使館で木寺大使に寄贈。

左・『貼り絵』に使った約1,500枚の中国の切手
中と右・中国からの封筒には表(左)も裏(右)も『切手』がびっしり。

はじめに

〝スイッチ〟を入れてくれた中国人留学生「胡東旭(フートンシュウ)」君

　1988年9月、大森和夫が政治部記者として留学生問題を取材していた時、北京農学院を卒業して東京大学大学院に留学していた**胡東旭君**（当時26歳）に出会った。彼は奨学金がもらえず、40以上のアルバイトを経験しながら留学生活を送っていた。

　「**経済的に苦しいのは我慢出来ますが、日本のことをたくさん知って、日本を理解したいのに、それが出来ないのが残念です。日本が嫌いになって帰国する友達や、不満を持って日本で勉強している留学生も少なくないのが現実です**」

　27年半前に出会った一人の中国人留学生・「**胡東旭君の一言**」が、私どもの「日中・日本語交流活動」の〝スイッチ〟を入れてくれた。「**折角、日本に留学して日本語を勉強している外国の若者が、日本を嫌いになったり、日本に批判的な気持ちになったりして帰国してしまうのは、日本にとって大きな損失。何とかしなければ！**」という思いが募った。"日本語"で、日本理解を深めたい」という思いが募った。

左・1988年9月。東京大学大学院農学系栽培研究室で稲の研究をする胡東旭君
中・1989年3月。「季刊誌『日本』」の創刊号（26頁）
右・1989年6月。留学生と。右から2人目が胡東旭君（国際交流研究所で）

　中国人留学生・胡東旭君に出会って約半年後の1989年（平成元年）1月、新聞社を辞めた。48歳だった。夫婦の「日中・日本語交流活動」は、1989年3月、手作りの「**季刊誌『日本』**」の発行と寄贈から始まった。

　何度かくじけそうになった私どもに、日本語交流活動を継続する力を与えてくれたのが、日本語を学ぶ学生たちの「明るい笑顔」と「日本への熱い思い」だった。

　私どもは、中国の多くの大学生が「歴史の痛み」を背負いながら、「日本語を学んで、日本という国と日本人を理解したい」と頑張っている姿を見て、彼らに感謝し、応えなければならない、と痛感した。そして、日本人として「中国を侵略したこと」を率直に謝罪することの大切さを教えられた。

『日本語教材』の作成と寄贈

「日本語」で、理解不足による〝日本嫌い〟の中国の大学生を減らしたい！と願い続けてきた夫婦の「日中・日本語交流」は、「知ってもらうことが理解と友好につながる」ことを実感した28年間だった。

主な活動は次の三つ。

★ 1989年3月から、独自に作成した各種の「日本語教材【日本】」を中国の各大学に計31万冊余を寄贈。

★ 1993年に、中国の大学生を対象に、初めて全国規模の『日本語作文コンクール』を実施。計16回の応募総数は2万2,781編。

★ 1999年から4回、日中友好の「アンケート」実施。回答総数は3万9,225人。活動の中で、特に力を入れたのが、独自の「日本語教材【日本】」を作成して寄贈すること。多くの大学で活用されている。（詳細は「二部」、「三部」）

◇ 2015年12月、新疆師範大学（新疆ウイグル自治区ウルムチ市）の鐘響先生からメールが届いた。

「【新日本概況】を30冊受け取りました。ありがとうございます。大森先生ご夫妻のおかげで、新疆師範大学の日本語学部の学生たちは日本のことを少しずつ分かって来たと思います。今まで、卒業した学生は、みんな愛読者です。今の三年生にも、【新日本概況】を使って、日本のこと、そして、ご夫妻の貴重な活動のことを教えてあげようと思います」

※ 2012年〜「最新版と改訂版・日本語教材【日本】」を約9,200冊寄贈

延辺大学（吉林省延吉市）

はじめに

※ 2014年～2016年に、「日本語教材【新日本概況】」を約1万冊寄贈

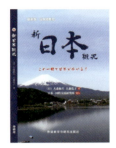

「目次」(全252頁)

【一章】「日本」の姿（50頁）
　一節・政治の歩みと課題　　二節・日本経済の推移と現状
　三節・「少子高齢」社会と福祉　四節・教育の変遷と今
　五節・東日本大震災と原発事故　六節・復旧から復興へ
【二章】国の形と仕組み（18頁）　【三章】歴史（24頁）
【四章】自然（50頁）　　　　　【五章】伝統文化（28頁）
【六章】日本語（14頁）　　　　【七章】文学（48頁）
【八章】日本人の行動様式（12頁）【九章】和食（7頁）

長江師範学院（重慶市）

西北大学（陝西省西安市）

7

学生や教師から届いた「声」

（詳細は「三部」）

☆「日本語教材【新日本概況】」について、各大学の教師から―

「二年生の『日本事情』のテキストとして使わせていただいております」

（華南理工大学・広東省広州市）

「今、一、二年生の課外学習用の資料として利用させていただいています。学生に大変喜ばれています」　　　　　（南昌大学・江西省南昌市）

「内容が豊富で、日本の理解を深めることができ、授業に役立っています。本当にいい教材です」　　　　　　（東北電力大学・吉林省吉林市）

「日本を深く理解できます。『日本国情』の授業でテキストとして使い、大学入試の参考書に指定しています」　　　（武漢大学・湖北省武漢市）

「日本語科の教師全員に配り、大学の図書館と学院の資料室に何冊ずつ置いています。日本を教える教師は、重要な参考資料としています。今回は、三年生の授業で使わせて頂きます」　　（成都理工大学・四川省成都市）

「授業で、学生たちに正しい歴史観と価値観、日本の優れた文化をちゃんと伝えるように頑張ります」　　　（大連芸術学院・遼寧省大連市）

☆私どもの活動に対しても、教師や学生から―

「私たちが学んだのは、日本語や日本の社会だけでなく、大森先生と奥様の中国に対する深い愛情です」　　　（教師。重慶大学・重慶市）

「大森先生ご夫妻の活動を知って、日本人に対する印象が大きく変わったのです」

（学生。洛陽外国語学院・河南省洛陽市）

「1994年の第二回『日本語作文コンクール』で『一等賞』になったことは、私の人生を大きく変えた」　　（学生。北京第二外国語学院・北京市）

・・・

28年間の折々に、その時々の思いを短歌に詠んだ。

「手作りの　教材贈って　28年　偏見解けたと　中国の学生」

「日本語で　歴史の痛み　切々と　綴る学生の　作文に涙」

「まず謝罪　わだかまり消え　中国の　日本語教師と　友好誓う」

中国の若者が、一人でも多く”日本ファン”になってもらいたい！

本書は、そんな思いで、**「日本語」**にこだわって、中国の大学（日本語科）の教師・学生と交流を続けてきた「夫婦の28年間の記録」だ。

2016年4月　大森和夫・大森弘子（国際交流研究所）

337枚の写真・163人の学生・教師の声

2014年2月・西安外国語大学（陝西省西安市）

一部　28年間を"支えたもの"

二部　「日本語交流活動」の数々

　　一章　【日本語教材】の発行と寄贈
　　　　　＝（一）〜（七）
　　二章　『日本語作文コンクール』を16回開催
　　三章　「中日友好」に関する『アンケート調査』
　　四章　『出版物』
　　五章　そのほかの「日本語交流」

（写真の大半は、各大学の日本語科の先生方と学生、大学関係者
　が撮って、送って頂いたものです。心からお礼を申し上げます）

・・・・・・・・・・・・・・・・・・・・・・・・・・・・・・・・・・・・・・・

　　六章　一節「主な日本語交流活動」。二節"あれこれ"

一部　28年間を"支えたもの"

28年間の活動の拠点は「自宅マンションの四畳半」

1993年12月。「季刊誌『日本』20号を郵送する梱包作業（東京都練馬区）」

左・2003年6月。『第十一回日本語作文コンクール』の一次審査。
右・2015年5月。『第四回・アンケート調査』・郵送されてきた回答用紙4,000枚。
（いずれも、東京都江東区）

　28年間の活動の拠点「国際交流研究所」は、練馬区から14年後に江東区に移ったが、同じ3LDKの自宅マンションの四畳半。ここで、①『日本語教材』の原稿執筆、②『日本語作文コンクール』の募集と一次審査、③『アンケート調査』の集計、分析など、すべての活動を行った。従って、人件費は"ゼロ"。

──「四畳半の活動」に感動！──胡振平氏・1996年10月来訪。
（当時・中国日語教学研究会会長、洛陽外国語学院教授）

「日本語教材【日本】」の編集・校正から寄贈まで、『日本語作文コンクール』の企画・審査員の選定・中国の各大学への告知・一次審査・入賞者への通知・中国での最終審査と表彰式の準備とそれへの出席など、ずっと個人の力で続けてこられた。このような日本語交流活動を、政府機関や財団や、法人でもない大森さんご夫妻が四畳半の一室で長い間続けてこられたことに感動させられる。経済的負担も大変だろう。中国の日本語教育に大きな貢献をしてきたご夫妻に心から「ありがとう！」

「季刊誌『日本』」に約 8,000 通の手紙

　1989 年 3 月の創刊号から 1997 年 3 月の「第 33 号」まで 8 年間に、中国の大学と交流が深まり、中国の学生や教師から約 8 千通の手紙・葉書が寄せられた。

1992 年 9 月。南開大学（天津）を訪問。右は王健宜先生。

1993 年 12 月。中国の大学の教師・学生からの手紙・はがきの一部

☆重慶大学 (重慶市) 日本語学部教師・陳為瑜先生

　季刊誌『日本』を待ち望んでいるうちに、春、夏、秋、冬と過ごしてきましたが、こんな親しい友達と別れる日があるとは、夢にも思いませんでした。八年間の心血と辛酸、苦楽、精神面だけでなく、経済的にも重荷を背負って、お二人は頑張ってこられました。私たちが『日本』から学んだのは、日本語だけでなく、大森先生と奥様の中国に対する責任感と深い愛情です。『日本』の影響は無限に続くに違いありません。

 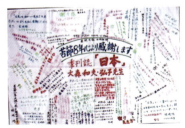

左・1995 年 5 月。東北財経大学（大連市）日本語科の学生から感謝状。
右・1997 年 9 月。南開大学日本語科（天津市）・47 人の学生・教師の『寄せ書き』
　　＝苦節 8 年心より感謝します。＝ヨコ 1.1㍍×タテ 78㌢の布
「『日本』は、私の学習生活にとって掛け替えのない友達でありました　金東海」

共に学び、楽しく！、をモットーに

左・1993年10月。遼寧師範大学（大連市）を訪問
右・1995年5月。遼寧師範大学（大連市）の日本語科の学生と（女子寮）

左・2001年10月。『第九回・日本語作文コンクール』の入賞者と
　　　　　　　　　　　　　　　　　　　　　　　（南京農業大学）
右・2003年11月。『第十一回・日本語作文コンクール』の懇親会
　　　　　　　　　　　　　　　　　　　　　　　（洛陽外国語学院）

左・2002年9月。北京大学で
右・2004年12月。『第十一回・日本語作文コンクール』の「スピーチ・討論」風景
　　　　　　　　　　　　　　　　　　　　　　（北京日本学研究中心）

一部　28年間を"支えたもの"

日中交流活動の原点＝「一つの謝罪」と「三つの感謝」

1996年4月。北京大学

1998年10月。北京大学

1998年10月。吉林大学

2000年11月。北京第二外国語学院

　『日本語作文コンクール』の表彰式や懇談会などで、私どもの日本語交流活動の「原点」が、中国に対する【一つの謝罪】と【三つの感謝】であることを話した。28年間に訪問したのは40数大学。

【一つの謝罪】
　過去の一時期、日本が中国を侵略し、多数の中国人を殺傷したことに対する心からの「謝罪」の気持ち。日中間の『歴史問題』は一義的に日本側に責任がある。

【三つの感謝】
①長い日中交流の歴史を通して、いろいろな面で中国の影響を受け、中国の多くの文化が日本の身近な文化として定着し、発展してきたこと。
②1972年の日中国交正常化に当たって、中国が「日本国に対する戦争賠償の請求を放棄した」（日中共同声明・1972年9月29日調印）こと。
③中国残留日本人孤児を、中国の人たちが養父母となって温かく育てて頂いたこと。（数は2012年12月時点で2,818人。2015年6月現在も同数）

2000年11月。清華大学

2004年12月。華東師範大学

中国の〝三人の恩人〟

　28年間の活動は、寄贈した「季刊誌『日本』」や『日本語教材【日本】』の活用、『日本語作文コンクール』の指導・応募、『アンケート調査』など、いずれも、多くの大学の先生方と学生の積極的な協力なしに実現することはできなかった。なかでも、王健宜先生（南開大学教授、外国語学院長）、曲維先生（遼寧師範大学教授、副学長）、胡振平先生（洛陽外国語学院教授）の三人は、私どもの活動の〝恩人〟だ。

☆曲維、胡振平、王健宜、の各先生と（「二部」六章二節・参照）
（左）2000年11月。南京市で。（右）2003年11月。洛陽市で。

中国の教師・学生からの「年賀状」（一部）

毎年、正月に、中国の大学の教師や学生からもカラフルな年賀状が届く。

一部　28年間を"支えたもの"

記者として日中交流活動の基礎＝２人の首相を取材

新聞記者としての体験が、28年間の「日中交流活動」の基礎になっている。
（「二部」六章二節・参照）

1972年９月。田中首相と　　　1978年７月・福田首相と
（東京都文京区の田中首相私邸）（第四回サミット・西ドイツのボンへ向う機中）

田中角栄・自民党幹事長の記者会見で（1969年１月）

中国・大連の二人の大学教師（日本語科）が『大森夫妻に聞く！』を出版

2010年10月、中国の大学の日本語教師、**劉愛君先生**（大連工業大学教授）と陶金先生（大連海事大学講師）が私どもを取材して「**中日交流＝大森和夫・弘子夫妻に聞く。"二人三脚"の二十二年＝**」(291頁) を出版してくれた。

「表紙」　　2001年。劉愛君先生（中央）　　2003年。陶金先生（中央）
（いずれも、訪日時に国際交流研究所で）

NHKラジオの「明日へのことば」に大きな反響

2012年10月1日と2日の二日間、NHK「ラジオ深夜便」の「明日へのことば」で、「**日中民間交流の二十四年**」をテーマに、合わせて約90分、話す機会があった。佐野剛平・ディレクターの質問に夫婦で答えるインタビュー。話の要旨は、2013年1月号の『ラジオ深夜便』誌に14頁にわたって掲載された。

（「二部」六章二節・参照）

2003年1月。NHK「ラジオ深夜便」の表紙（左）と「最初の頁」（右）

放送当日の朝から3日間で、仙台市の68歳の女性から宮崎市の83歳の男性まで「74件」の電話とメール。「**明日へのことば**」を機に支援の輪が広がった。

一部　28年間を"支えたもの"

中国の大学から送られてきた『作文』

　1993年にスタートした『日本語作文コンクール』の『作文』は、2004年の「第十二回」までは、ほとんどが「手書き」。それを、中国の大学（日本語科）の教師から国際交流研究所に郵送してもらった。
　2006年の『第十三回』（第一回「中国の大学院生『日本語作文・スピーチ・討論コンテスト』」）以降は、逆に、大半がメール（添付ファイル）による応募になった。

・・・・・・・・・・・・・・・・・・・・・・・・・・・・・・

【第四回】（1996年）

【第九回】（2001年）

【第十一回】（2003年）

【第十二回】（2004年）

◎多くの「支援と協力」に支えられた「28年」

　朝日新聞社を辞めた退職金で始めた活動だったが、中国の大学生（日本語科）の日本理解に役立っていることに、大きな「喜び」を感じ、退社の数年前に亡くなった両親の「貯え」で、活動を継続しようと、決意した。

　「世のため、人のためになる人間が一番偉い！」というのが父親の口癖だった。

　28年間の活動で投じた「私財」総額は、退職金を含めて1億円を超えている。

　〜活動6年目の1994年と、16年目の2004年の「収支」は、下記の通り〜

表①　**平成6年(1994年)の「国際交流研究所」の収支決算書**

［支出］

☆ 「季刊誌『日本』」の出版費用
　　年4回、毎号（38頁）約3万冊発行　　　　　　　　　　　　600万円
☆ 「季刊誌『日本』」の海外（約30カ国・地域）の大学への郵送費　190万円
☆ 「季刊誌『日本』」の国内の大学・個人への郵送費
　　（年4回、100以上の大学・日本語学校と個人約400人　　　110万円
☆ 「第二回・中国の大学生『日本語作文コンクール』開催費用
　　（入賞者の表彰式招待費用。賞金。「入賞・作文集」の出版と
　　　中国の大学への寄贈郵送費。旅費など）　　　　　　　　370万円
☆ 「日本語・中国語・英語で学ぶ『日本経済』」（90頁）の出版と郵送費用
　　（中国の約40大学へ約2,000冊寄贈）　　　　　　　　　190万円
☆ 中国の大学教師（天津）の『日本語辞書』出版助成　　　　　　65万円
☆ 諸経費（連絡・通信・国内支援者への「作文集」郵送など）　　165万円

　　　　　　　　　　　　　　　　　　　　計・1,690万円

［収入］

◎ 助成・協賛・「季刊誌『日本』」の買い上げ＝52の団体、企業、大学
　　（日中経済協会、外務省、医薬資源研究振興会、日本航空、日立製作所、
　　　国際コミュニケーション基金、日本国際教育協会、東京大学、京都大学、
　　　北海道大学、筑波大学、九州大学、関西大学、東海大学、桜美林大学など）
　　　　　　　　　　　　　　　　　　　　　　　　　　890万円
◎ 個人の支援（163人）　　　　　　　　　　　　　　　　275万円
※ 自己負担（大森）　　　　　　　　　　　　　　　　　　525万円

　　　　　　　　　　　　　　　　　　　　計・1,690万円

★次頁に「支援と協力」を頂いた方々（一部）の氏名。

一部　28年間を"支えたもの"

表②　平成 16 年(2004 年)の「国際交流研究所」の収支決算書

［支出］

☆「第十二回・中国の大学生・院生『日本語作文コンクール』実施費用
　（中国・上海市での表彰式開催、入賞者への賞金、約 70 人の学生・教師・
　審査員招待、応募審査に伴い経費など）　　　　　　　　　265 万円
☆「入賞・作文集」出版、中国の大学への寄贈郵送費　　　　152 万円
☆「日本語教材『日本』（上）」出版、中国の大学への寄贈郵送費　127 万円
☆　中国・上海、北京、大連などへの旅費、宿泊費、交流活動費」　68 万円
☆　中国の大学へ寄贈する書籍の購入と郵送費（EMS）　　　34 万円
☆　国内の支援者などへの「作文集」、『日本』郵送費　　　　23 万円
☆　連絡、通信費（中国の大学教師との電話、FAXなど）」　　8 万円
☆　諸経費（パソコンなどの機器、プリント、コピーなど）　38 万円·

計・715 万円

［収入］

◎　支援・援助（個人・61 人、団体・3）　　　　　　　　　129 万円
※　自己負担（大森）　　　　　　　　　　　　　　　　　586 万円

計・715 万円

◆門垣逸夫（熊本県）。清水新二郎（宮崎県）。前田晃、富澤義敬、佐々木清、李紅蘭、金丸嵩、恒成巧、庄司瑛（福岡県）。高橋一樹、永田耕作（長崎県）。常光謙輔（愛媛県）。橋本恭子（香川県）。山本なほみ、桑田隆明（広島県）。坪井あき子、桑山皓子（岡山県）。高松暘、徳岡貢（兵庫県）。内海紀雄（京都府）。芦田悦雄、戸毛敏美、安延正和（大阪府）。太田佳生（奈良県）。古賀克己（石川県）。三浦真、多賀秀敏（新潟県）。中森昌昭（三重県）。谷川栄子、水谷淳子、鷲見順子（愛知県）。山崎正、鈴木嘉弘（静岡県）。歳納明子、川村恒明、村山孝喜、秋山耿太郎、佐藤禎一、本田来介、大林主一、小池美樹彦、小長啓一、若宮啓文、鈴木恒夫、志甫溥、佐野剛平、八塚住子、石村日満子、大谷俊典、稲富美佐子。上原栄子、井上よし江、相沢峰、武本孝俊、野村彰男、大菅孝子、内藤武宣、佐藤嘉恭、羽原清雅、岡田幹治、一柳東一郎、冨森叡児、桑田弘一郎、中江利忠、箱島信一、関史江、五十川倫義、三露久男、川浪年子、林田英樹、楠山三香男、大森妙子、大和修、高島康子、藤田實、村野坦、藤井勇、成田正路、大橋京子、中島俊明、泊次郎、眞鍋一史、松田町子、清水勝彦、豊田育子、三輪幸雄、山下照雄、茂呂禮子、八巻愛子、木村聖哉（東京都）。野村美知子、石井宏明、北村康子、孫淑寧、清水建宇（千葉県）。福田孝、後藤江恵子、切刀芳雄、鈴木公子、藤木典子、北条諦應、吉田豊、水野惠子（埼玉県）。清水完洋、景山晃、海老原博（茨城県）。横塚紀子（群馬県）。菊地芳枝（福島県）。布施谷安政（宮城県）。吉田時夫、水野清平（山形県）。野坂米子、松本信勝（北海道）。古林恒雄（上海市）各氏ら約 350 人と、かめのり財団、社会貢献支援財団、日中児童教育基金などに感謝申し上げます。

19

【表彰状】など（一部）

左・2003 年。文部科学大臣表彰・国際交流功労者
右・2006 年。中国日語教学研究会（中国の大学の「日本語科」の組織）

左・2005 年。第十二回・東亜同文書院記念賞（東亜同文書院）
右・2006 年。平成 18 年度・「社会貢献者」賞（社会貢献支援財団）

2015 年。遼寧師範大学（遼寧省大連市）

二部 「日本語交流活動」の数々

一章

【『日本語教材』の発行と寄贈】
〜 1989 年から 2015 年まで・約 31 万冊〜

【一】1989年3月〜1997年3月・「季刊誌『日本』」

「日本の国と日本人」を日本語で学ぶ情報誌（各号26〜38頁）
「1号〜33号」8年間に約120大学に、約25万冊寄贈

左・1989年3月発行の「季刊誌『日本』」創刊号（26頁）。
　　28年間の活動の「出発点」
右・創刊号に、当時の竹下首相から寄せられた「祝辞」の一部
　　　　（以下、抜粋。原文のまま）

・・・・・・・・・・・・・・・・・

「25年にわたり朝日新聞記者として活躍された大森和夫君が、このたび、自ら国際交流研究所を設立して留学生問題に取り組まれることを知り、大変喜ばしく、力強いものを感じております。世界の平和と発展をめざすためには、同君も訴えているように『異なる国の人と人との間の相互理解、そして人の交流、物の交流、こころの交流』が必要だと、私自身も考えているからです」

「政権担当以来、私は『世界に貢献する日本』という姿勢を貫いてきましたが、とりわけ留学生交流の推進については重要な政策課題と位置づけ、できる限りの努力を続けてまいりました」

（大森和夫が新聞社を辞めて、「日本語交流活動」を始めたことを知った当時の竹下登首相が「祝辞」を寄せて頂いた）。

二部 「日本語交流活動」の数々

1989年6月・「2号」
(26頁)

9月・「3号」
(30頁)

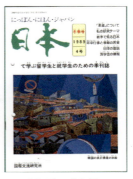

12月・「4号」
(34頁)

☆「5号」(1990年3月)の「表紙」の題字と目次の一部

1990年3月・「5号」
(34頁)

6月・「6号」
(34頁)

9月・「7号」
(38頁)

23

12月・「8号」
（38頁）

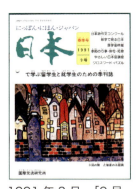
1991年3月・「9号」
（38頁）

6月・「10号」
（38頁）

9月・「11号」
（38頁）

12月・「12号」
（38頁）

1992年3月・「13号」
（38頁）

6月・「14号」
（38頁）

9月・「15号」
（38頁）

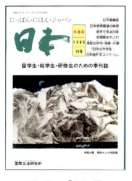
12月・「16号」
（38頁）

二部　「日本語交流活動」の数々

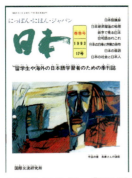
1993年3月・「17号」
（38頁）

6月・「18号」
（38頁）

9月・「19号」
（38頁）

左・1993年12・「季刊誌『日本』」・「20号」（38頁）
右・細川首相（当時）の巻頭メッセージ

（以下、抜粋。原文のまま）

「創刊五周年を迎えられた季刊誌『日本』が皆さんの勉強や研究に大いに役立っていることを知って、大変喜んでいます。『日本』を発行している国際交流研究所の所長・大森和夫君と私は、一九六三年〈昭和三十八年〉に同時に朝日新聞社の記者になり、大森君は大分支局へ、私は鹿児島支局へ赴任しました。私は社会部記者から途中で政治の世界に入り、大森君は政治部記者から国際交流のボランティア活動を始めるため、五年前に朝日新聞社を退職し、別の道を歩んでいます」

1994年3月1日発行(季刊)第6巻第21号

にっぽん・にほん・ジャパン

日本

春季号
1994
21号

日本の四季—季語と俳句
世相語あれこれ
数字で見る日本
日本経済躍進の秘密
日本のとんち話
「私にまかせなさい」
夫婦別姓

留学生や海外の日本語学習者のための季刊誌

☆「21号」(1994年3月)の「表紙」の題字と目次の一部

1994年3月・「21号」
(38頁)

6月・「22号」
(38頁)

9月・「23号」
(38頁)

12月・「24号」
(38頁)

1995年・3月・「25号」
(38頁)

6月・「26号」
(38頁)

二部 「日本語交流活動」の数々

9月・「27号」　　　12月・「28号」　　　1996年・3月・「29号」
（38頁）　　　　　（34頁）　　　　　　（34頁）

6月・「30号」　　　9月・「31号」　　　12月・「32号」
（38頁）　　　　　（34頁）　　　　　　（34頁）

※　　※　　※　　※

「季刊誌『日本』」が縁で、東北財経大学（遼寧省大連市）を訪問
左・1993年10月・二年生17人が日本語で披露してくれた「桃太郎」の劇
右・1996年4月・学生と交流。（中央は方愛郷先生）

27

1997年3月・「33号」（最終号。34頁）

二部 「日本語交流活動」の数々

【二】1995年1月・「日本語精読教材『日本』」(206頁)

《王健宜先生（南開大学）の「言葉の読み方」、「文の構成法」など付》

約80大学に、約3,500冊寄贈

「表紙」

遼寧師範大学（遼寧省大連市）の女子寮で

南開大学（天津市）

【三】1997年〜1998年・「大学用・日本語教材【日本】」（上・下）

（上・387頁。下・460頁）＝大連出版社（遼寧省大連市）
《曲　維先生（遼寧師範大学）の「注釈」、「質問」付》

約110大学に、約2万6千冊寄贈

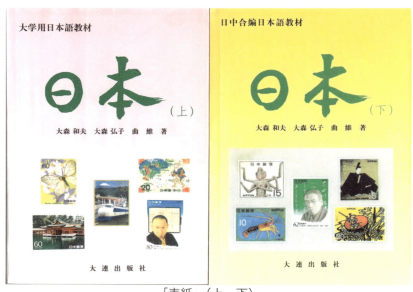

「表紙」（上、下）

浙江大学城市学院（浙江省杭州市）

湘潭大学（湖南省湘潭市）

二部 「日本語交流活動」の数々

【四】2004年～2005年・「新版・日本語教材【日本】」(上、下)

（上・330頁。下・345頁）＝外研社（北京市）

《曲　維先生（遼寧師範大学）の「注釈」、「質問」付》

約110大学に、約1万6千冊寄贈

「表紙」(上、下)

東北財経大学（遼寧省大連市）

31

南開大学（天津市）　　北京語言大学（北京市）　　寧波大学（浙江省寧波市）

大連理工大学（遼寧省大連市）　　厦門大学（福建省厦門市）

山東大学（山東省済南市）

北京日本学研究中心（北京市）　　吉林大学（吉林省長春市）

二部 「日本語交流活動」の数々

【五】2009年〜2011年・「MP3付・日本語教材【日本】」

（上、下）《笈川幸司、米川ルリ子、丹羽麻衣子・各先生の「朗読」付》

（上・311頁。下・302頁）＝外研社（北京市）

約80大学に、約3千冊寄贈

「上、下」の「表紙」

大連工業大学（遼寧省大連市）

33

山東師範大学（山東省済南市）

吉林建築工程学院城建学院
（吉林省長春市）

大理学院（雲南省大理市）

大連海事大学（遼寧省大連市）

遼寧師範大学（遼寧省大連市）

南開大学（天津市）

韶関学院（広東省韶関市）

哈爾濱工業大学（黒龍江省哈爾濱市）

二部 「日本語交流活動」の数々

【六】 2012年7月～2013年

「最新版」と「改訂版」・日本語教材【日本】」
（252 頁）＝外研社（北京市）

約120大学に、合わせて約9,200冊寄贈

西安外国語学院（陝西省西安市）

西北大学（陝西省西安市）

東華大学（上海市）

貴州財経大学（貴州省貴陽市）

南京大学（江蘇省南京市）

中国赴日本国留学生予備学校（吉林省長春市）　　天津財経大学（天津市）

二部 「日本語交流活動」の数々

山東女子学院（山東省済南市）

厦門大学（福建省厦門市）　新疆師範大学（新疆ウイグル自治区烏魯木斉市）

重慶大学（重慶市）　　　　上海海事大学（上海市）

瀋陽師範大学（遼寧省瀋陽市）

中国海洋大学（山東省青島市）

北京第二外国語学院（北京市）

西南交通大学（四川省成都市）

武漢大学（湖北省武漢市）

二部 「日本語交流活動」の数々

東北財経大学（遼寧省大連市）

安陽師範学院（河南省安陽市）

安徽農業大学（安徽省合肥市）

中南大学（湖南省長沙市）

聊城大学（山東省聊城市）

39

吉林師範大学（吉林省四平市）

重慶三峡学院（重慶市）

華東師範大学（上海市）

広東外語外貿大学南国商学院
（広東省広州市）

西安電子科技大学（陝西省西安市）

越秀外国語学院（浙江省紹興市）

華南師範大学（広東省広州市）

大連海事大学（大連市）

二部 「日本語交流活動」の数々

長江師範学院（重慶市）

山東師範大学（山東省済南市）

遼寧師範大学（遼寧省大連市）

外交学院（北京市）

北京市内の大学の学生

合肥学院（安徽省合肥市）

大理学院（雲南省大理市）

華南理工大学（広東省広州市）

東北電力大学（吉林省吉林市）

中原工学院（河南省鄭州市）

大連工業大学（遼寧省大連市）

北京日本学研究中心（北京市）

二部 「日本語交流活動」の数々

南開大学（天津市）

広州大学（広東省広州市）

温州医学院（浙江省温州市）

西安工業大学（陝西省西安市）

遼寧大学（遼寧省瀋陽市）

青島求実職業技術学院（山東省青島市）

南京大学金陵学院（江蘇省南京市）

山東英才学院（山東省済南市）

淮海工学院（江蘇省連雲港市）

二部 「日本語交流活動」の数々

山東財経大学（山東省済南市）

中国農業大学（北京市）

山東青年政治学院（山東省済南市）

電子科技大学（四川省成都市）

上海師範大学（上海市）

45

蘭州理工大学（甘粛省蘭州市）

天津師範大学（天津市）

南京航空航天大学（南京市）

山西大学（山西省太原市）

広東機電職業技術学院（広州市）

二部 「日本語交流活動」の数々

【七】2014年9月〜2016年3月

「日本語教材【新日本概況】」（252頁）＝外研社（北京市）

約130大学に、約1万冊寄贈

西安外国語大学（陝西省西安市）

河南科技大学（河南省洛陽市）

遼寧師範大学（遼寧省大連市）

煙台大学（山東省煙台市）

浙江旅游職業学院（浙江省杭州市）

二部 「日本語交流活動」の数々

東北財経大学（遼寧省大連市）

中山大学（広東省広州市）

西南交通大学（四川省成都市）

49

大連海事大学（遼寧省大連市）

山西大学（山西省太原市）

山東師範大学（山東省済南市）

寧波大学（浙江省寧波市）

二部 「日本語交流活動」の数々

西南民族大学（四川省成都市）

武漢大学（湖北省武漢市）

西安電子科技大学（陝西省西安市）

華南師範大学（広東省広州市）

大連工業大学（遼寧省大連市）

浙江工商大学（浙江省杭州市）

山東大学威海翻訳学院（山東省威海市）

河南師範大学（河南省新郷市）

各地の大学生（笹川幸司先生主宰の日本語特訓教室。北京市内）

二部 「日本語交流活動」の数々

蘭州理工大学（甘粛省蘭州市）

南開大学（天津市）

上海師範大学（上海市）

東華大学（上海市）

南京大学（江蘇省南京市）

二章

【『日本語作文コンクール』を16回開催】

1993年～2014年・応募総数＝2万2,781編

二部 「日本語交流活動」の数々

「第一回・『日本語作文コンクール』」＝ 1993 年

応募総数＝約 450 編　表彰式は 1993 年 4 月、南開大学（天津市）で

「表彰式」

左・前列右が一等賞の高媛さん（吉林大学）
右・「表彰式」翌日の天津市内観光（中央が一等賞の高媛さん）

「第二回・『日本語作文コンクール』」＝ 1994 年

応募総数＝ 281 編　表彰式は 1994 年 5 月、南開大学（天津市）で

「表彰式」

左が一等賞の 2 人

南開大学関係者と

左・一等賞の高媛さん（吉林大学）と路邀さん（北京第二外国語学院）が訪日
右・中江要介、元、駐中国日本国大使を表敬訪問

二部 「日本語交流活動」の数々

「第三回・『日本語作文コンクール』」＝ 1995 年

応募総数＝514 編　表彰式は 1995 年 5 月、遼寧師範大学（遼寧省大連市）で

「表彰式」後の記念写真

懇親会

カラオケ大会

57

「第四回・『日本語作文コンクール』」＝ 1996 年

応募総数 = 861 編　最終審査と表彰式は 1996 年 4 月、北京大学（北京市）で

上位入賞者 31 人による「最終審査」

懇親会

「万里の長城」観光

北京大学

二部 「日本語交流活動」の数々

「第五回・『日本語作文コンクール』」＝ 1997 年

応募総数＝ 736 編　最終審査と表彰式は 1997 年 4 月、北京大学（北京市）で

下・表彰式　「上と右」は、上位 31 人による最終審査とテーマ

左・一等賞、王暁さん（北京第二外国語学院）
右・表彰式翌日、北京以内観光

「第六回・『日本語作文コンクール』」＝ 1998 年

応募総数＝ 933 編　最終審査と表彰式は 1998 年 10 月、北京大学（北京市）で

「表彰式」後の記念写真

左＝「表彰式」
右＝「上・右から 2 人目、下・右」が、一等賞・李桂萌さん（北京外国語大学）

二部 「日本語交流活動」の数々

「第七回・『日本語作文コンクール』」＝1999年

応募総数＝1,203編
最終審査と表彰式は1999年9月、洛陽外国語学院（河南省洛陽市）で

※表彰式は1999年9月18日、河南省洛陽市の洛陽外国語学院で行なった。大森和夫・弘子は「健康上の理由」で出席できなかったため、表彰式と翌日の観光など、すべての行事は、洛陽外国語学院の胡振平教授（中国日語教学研究会会長）に取り仕切って頂いた。

「表彰式」

2000年1月・一等賞・邰楓さんが訪日。国際交流研究所をで。納豆に初挑戦！

61

「第八回・『日本語作文コンクール』」①＝ 2000 年

「第一回・中国、韓国、台湾の大学生『日本語作文コンクール』」として実施。

中国からの**応募総数＝ 1,439 編**（韓国は 101 編、台湾は 63 編）
最優秀賞（全体の一等賞）・**劉愛君**（遼寧師範大学大学院、女）
優秀賞　（中国の一等賞）・李　莉（北京第二外国語学院大学院、女）
表彰式は 2000 年 10 月、①遼寧師範大学（大連市）で
　　　　　2000 年 11 月、②北京第二外国語学院（北京市）で
・・・・・・・・・・・・・・・・・・・・・

①「表彰式」後の記念写真

最優秀賞・劉愛君さん（遼寧師範大学）

懇親会

「第八回・『日本語作文コンクール』」②＝ 2000 年

②「表彰式」・優秀賞・李莉さん（北京第二外国語学院）

②の「表彰式」後の記念写真

懇親会

「表彰式」翌日、北京市内観光

「第九回・『日本語作文コンクール』」= 2001 年

応募総数 = 1,626 編　最終審査と表彰式は 2001 年 11 月、南京農業大学で

「表彰式」後の記念写真

遼寧大学の教師らと

南京市内観光

二部 「日本語交流活動」の数々

「第十回・『日本語作文コンクール』」＝ 2002 年

応募総数＝ 2,017 編　最終審査と表彰式は 2002 年 9 月、北京大学（北京）で

「表彰式」後の記念写真

「表彰式」翌日の「万里の長城」観光

一等賞の陶金さん（遼寧師範大学）
2003 年 3 月の一週間、訪日
河合隼雄・文化庁長官を表敬訪問

65

「第十一回・『日本語作文コンクール』」＝ 2003 年

応募総数 = 2,118 編
最終審査と表彰式は 2003 年 11 月、洛陽外国語学院（河南省洛陽市）で

最終審査風景（洛陽外国語学院）

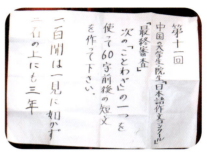

最終審査の「テーマ」

懇親会で、一等賞の 2 人と
中央の右・趙嵐さん（北京第二外国語学院）
左・石金花さん（洛陽外国語学院）

石金花さん（中央）

懇親会

「表彰式」翌日の「龍門石窟」観光

二部 「日本語交流活動」の数々

「第十二回・『日本語作文コンクール』」＝ 2004 年

応募総数＝ 3,360 編　表彰式は 2004 年 12 月、華東師範大学（上海市）で

「表彰式」後の記念写真（華東師範大学・上海市）

懇談会・右は一等賞の袁俊英さん（河南大学）

67

「第十三回・『日本語作文コンクール』」＝ 2006 年

【第一回「中国の大学院生『日本語作文・スピーチ・討論コンテスト』】
応募総数 = 384 編
　スピーチ・討論と表彰式は 2006 年 10 月、北京日本学研究中心（北京市）で

『日本語作文・スピーチ・討論コンテスト』会場

懇親会

「万里の長城」観光

「第十四回・『日本語作文コンクール』」= 2007 年

第二回「中国の大学院生『日本語作文・スピーチ・討論コンテスト』」
応募総数 = 424 編　表彰式は 2007 年 10 月、上海外国語大学（上海市）で

「表彰式」後の記念写真

「第十五回・『日本語作文コンクール』」= 2012 年

「中国の大学生、院生『1,000 字・提言コンテスト』」
応募総数 = 3,412 編　表彰式は 2012 年 9 月、北京市内のホテルで
　※表彰式は 2012 年年 9 月 18 日、北京市内のホテル行なった。大森和夫・弘子は「健康上の理由」で出席できなかったため、表彰式と懇親会など、すべての行事は、日本僑報社の段躍中氏に取り仕切って頂いた。
　☆写真は一等賞の韓福艶さん（当時・安陽師範学院。現在、北京第二外国語学院大学院）から、保存写真の提供を受けた。

右から二人目・一等賞の韓福艶さん（安陽師範学院）

「第十六回・『日本語作文コンクール』」= 2014 年

「最新版」と「改訂版」・「日本語教材【日本】」の『感想文コンテスト』
応募総数 = 3,023 編　表彰式は 2014 年 10 月、在中国日本国大使館で

「表彰式」後の記念写真。(在中国日本国大使館、北京市)

中央が一等賞・董亜峰さん
(北京第二外国語学院)

左・一等賞の董亜峰さん
右・三等賞の韓福艶さん(安陽師範学院)

中国の大学(日本語科)の教師らと

二部 「日本語交流活動」の数々

三章
「中日友好」に関する【アンケート調査】

1999年、2001～2002年、2004年～2005年、2014年～2015年
4回実施。総回答数＝3万9,225人

第一回　1999年年3月～6月

80大学の7,634人が回答

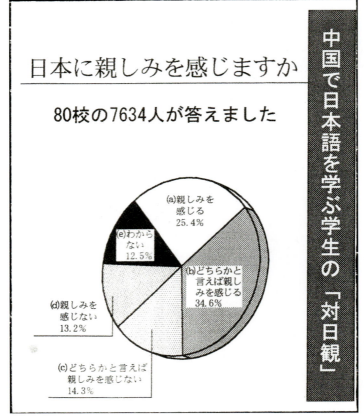

朝日新聞社「朝日総研リポート」（1999年10月　No.140）から

第二回　2001年12月～2002年1月

88大学の9,183人が回答

中国の大学生・9,183人の回答（左）など

第三回　2004年12月～2005年3月

107大学の1万370人が回答

10,370人（107大学）の回答用紙と封筒

二部 「日本語交流活動」の数々

第四回　2014年12月～2015年3月

172大学の1万2,038人が回答

「郵送」されてきた約4,000人の回答用紙と封筒

「アンケート」に回答している学生

河南科技大学（河南省洛陽市）

西南民族大学（四川省成都市）

遼寧師範大学（遼寧省大連市）

北京第二外国語学院（北京市）

四章
【出版物】(一部)
(【日本語教材】は、「二部」・一章)

【日本語作文コンクール】の作文集

左・1989年。朝日ソノラマ刊(298頁)。「外国人留学生・就学生」を対象に、「日本と日本人への期待と注文」をテーマに行なった『日本語作文コンクール』の応募作文・525編を収録。

右・1991年。日本教育新聞社刊(236頁)。14カ国・地域の110編を収録

　　　　　※　　　※　　　※　　　※

☆　以下、『中国の大学生、院生・日本語作文コンクール』の入賞作文集

左・1993年。【第一回】108頁。中国の大学生31編、留学生36編を収録
中・1995年・【第三回】。朝日ソノラマ刊(224頁)。中国の大学生39編、外国人
　　留学生43編。ほかに、「中国の日本語教師」の入賞作13編を収録
右・1998年・【第六回】。スリーエーネットワーク刊(238頁)。70編収録

二部 「日本語交流活動」の数々

左・2000年・【第八回】。スリーエーネットワーク刊（188頁）
　（「第一回・中国、韓国、台湾の大学生『日本語作文コンクール』」として実施）
　　中国、韓国、台湾の85編を収録
中・2004年・【第十二回】。日本僑報社刊（182頁）。46編収録
右・2006年・【第十三回】。日本僑報社刊（179頁）。20編と20人の討論収録
（第一回「中国の大学院生『日本語作文・スピーチ・討論コンテスト』」として実施）

左・2012年・【第十五回】。日本僑報社刊（199頁）。56編収録
　（「中国の大学生、院生『1,000字・提言コンテスト』」として実施）
左・2014年・【第十六回】。日本僑報社刊（203頁）。67編収録
　（「改訂版・日本語教材【日本】」の感想文コンテスト」として実施）

「アンケート調査」

左・2002年・【第二回】。日本僑報社刊（524頁）。「中国の大学生（日本語科）、
　日本語教師〈中国籍〉、中国人留学生」計1万2,967人の回答。
中・2005年・【第一回〜第三回】。日本僑報社刊（164頁）計2万7,187
　人の回答
右・2015年・【第四回】。日本僑報社刊（205頁）。1万2,038人の回答

その他

2003年・エール出版社刊（238頁）　　2007年・日本僑報社刊（205頁）

二部 「日本語交流活動」の数々

五章
そのほかの「日本語交流」

1990年12月。中国、韓国、バングラディッシュ、チベット、香港などの留学生と（国際交流研究所で）

左＝1992年9月。南開大学の王健宜先生のご家族と（天津市内）
右＝1993年10月。遼寧師範大学（大連市）訪問。中央・朱誠如学長

1995年5月。遼寧師範大学を訪問

77

1995年5月。東北財経大学（大連市）を訪問

1995年5月。大連理工大学（大連市）を訪問

1995年5月。大連民族学院（遼寧省大連市）の教師、学生と

◎ 1996年10月。上海市に日本語学校「上海朝日文化商務培訓中心」を設立。魏海波さん（一橋大学大学院修了）が責任者として2011年まで運営。その後は、事業主体が替わって継続。「写真」は2003年11月当時の「松江分校」

　　　　　◇　　　　◇　　　　◇

◎ 1995年10月〜1996年3月。遼寧師範大学（大連市）に『大森日本学習研究中心』を寄贈。「図書・資料室（大森弘子文庫）」、「多目的教室」。4千冊以上の日本語図書など。「目録」寄贈式と完成式など。下の右は大森弘子文庫

1997年4月。(左)北京観光。(右)人民大会堂

左＝1997年。北京第二外国語学院正門前で
右＝1997年。日本を訪問した朱誠如・遼寧師範大学学長(右)

1998年4月。北京大学開校百周年記念式典。右は、唐家璇・中国外交部長と

二部 「日本語交流活動」の数々

1998年10月。吉林大学（吉林省長春市）を訪問。
宿久高先生らと懇談。「儀満州国国務院旧址」などを見学

左＝2000年。胡振平・中国日語教学研究会会長ご夫妻訪日。国際交流研究所で
右＝2001年11月。南京農業大学（南京市）訪問

2001年11月・南京市訪問
左＝南京大学正門。右＝侵華日軍南京大虐殺遇難同胞紀念館

2003年4月。
中国の若手・中堅の日本語研究者・日本語教師を対象に「論文コンテスト」を実施。
8人に「大森・優秀論文賞」。「表彰式」後の記念写真　　（遼寧師範大学で）

左＝2006年12月。北京訪問（天安門広場）
　　左・【第九回】、【第十回】の一等賞受賞者・陶金さん（遼寧師範大学）
　　右・【第十一回】の一等賞受賞者・石金花さん（洛陽外国語学院）

右＝2014年10月。北京訪問。北京第二外国語学院の先生方と

二部　「日本語交流活動」の数々

六章
一節・主な日本語交流活動

①【日本語教材】の編集、発行、寄贈

[1989 年〜 2016 年]・28 年間に 210 以上の大学に約 31 万冊

【一】1989 年 3 月〜 1997 年 3 月＝「季刊誌『日本』」
「日本の社会と日本人」を日本語で学ぶ情報誌。
8 年間に 33 号（各号 30 頁前後）。
8 年間に約 120 大学に、約 25 万冊寄贈

【二】1995 年 1 月＝「日本語精読教材『日本』」（206 頁）
約 80 大学に、約 3,500 冊寄贈

【三】1997 年〜 1998 年＝「大学用・日本語教材【日本】」（上・下）
（上・387 頁。下・460 頁）＝大連出版社（遼寧省大連市）
約 140 大学に、2 万 6 千冊寄贈

【四】2004 年〜 2005 年＝「新版・日本語教材【日本】」（上、下）
（上・330 頁。下・345 頁）＝外研社（北京市）
約 150 大学に、1 万 6 千冊寄贈

【五】2009 年〜 2011 年＝「MP3 付・日本語教材【日本】」（上、下）
（上・311 頁。下・302 頁）＝外研社（北京市）
約 80 大学に、3,000 冊寄贈

【六】2012 年 7 月〜 2013 年＝「最新版、改訂版・日本語教材【日本】」
（252 頁）＝外研社（北京市）
約 120 大学に、約 9,200 冊寄贈

【七】2014 年 9 月刊〜 2016 年 3 月＝「日本語教材【新日本概況】」
（252 頁）＝外研社（北京市）
約 150 大学に、約 1 万冊寄贈

83

②【日本語作文コンクール】

中国全土の大学生（日本語科）を対象に **16 回開催**
1993 年〜 2014 年 応募総数 ＝ 2 万 2,781 編
「第一回」から「第十六回」までのテーマ・応募数・一等賞の氏名（敬称略）

第一回（1993 年）「二十一世紀の日本と中国の役割」 約 450 編
一等賞・高　媛（吉林大学、女） 入賞者 31 人

第二回（1994 年）「私にとっての日本」281 編（31 大学） 入賞者 42 人
一等賞（二人）・高　媛（吉林大学、女）
路　邈（北京第二外国語学院、女）

第三回（1995 年）「戦後五十年。日本に望むこと」 514 編（48 大学）
一等賞・劉　岩（遼寧師範大学、女） 入賞者 46 人

第四回（1996 年）「日本語と私」 861 編（65 大学）
一等賞・曽　建（北京第二外国語学院大学院、男） 入賞者 71 人

第五回（1997 年）「日本の政府・企業に望むこと」 736 編（58 大学）
一等賞・王　暁（北京第二外国語学院大学院、女） 入賞者 71 人

第六回（1998 年）「日中友好を深めるには、どうすれば良いか」
一等賞・李桂萌（北京外国語大学、女） 933 編（73 大学） 入賞者 70 人

第七回（1999 年）「近未来の日本と中国について」 1,203 編（85 大学）
一等賞・邵　楓（西安外国語学院、女） 入賞者 71 人

第八回（2000 年）「中国、韓国、台湾の大学生『日本語作文コンクール』」
中国からの応募数 ＝ 1,439 編（98 大学）
最優秀賞・劉愛君（遼寧師範大学大学院、女）
優秀賞　・李　莉（北京第二外国語学院大学院、女） 入賞者 73 人

第九回（2001 年）「私と日本」 1,626 編（94 大学）
一等賞・陶　金（遼寧師範大学、女） 入賞者 73 人

第十回（2002 年）「日本と中国の将来」 2,017 編（86 大学）
一等賞・陶　金（遼寧師範大学、女） 入賞者 71 人

84

第十一回（2003年）「日本語と私」 2,118編（98大学）
　　　一等賞（二人）・趙　嵐（北京第二外国語学院大学院、女）
　　　　　　石金花（洛陽外国語学院、女）　入賞者71人

第十二回（2004年）「日本語学習と私」 3,360編（98大学）
　　　　　　一等賞・袁俊英（河南大学、女）　入賞者86人

第十三回（2006年）
　　　第一回「中国の大学院生『日本語作文・スピーチ・討論コンテスト』」
　　　「日本、あるいは日本人に言いたいこと」 384編（48大学）
　　　　　　一等賞・徐　蓓（北京大学大学院、女）　入賞者67人

第十四回（2007年）
　　　第二回「中国の大学院生『日本語作文・スピーチ・討論コンテスト』」
　　　「日本と中国の、これからの責任と課題」 424編（53大学）
　　　　　　一等賞・李　婷（大連海事大学大学院、女）　入賞者50人

第十五回（2012年）「日中国交正常化四十周年記念」として開催
　　　「中国の大学生、院生『一、〇〇〇字・提言コンテスト』」
　　　「日中の絆を深めるには？」 3,412編（128大学）
　　　　　　一等賞・韓福艶（安陽師範学院、女）　入賞者56人

第十六回（2014年） 3,023編（108大学）
　　　「改訂版・日本語教材【日本】」の「感想文コンテスト」
　　　　　　一等賞・董亜峰（北京第二外国語学院、女）　入賞者67人

③「中日友好」に関する【アンケート調査】

1999年、2001〜2002年、2004年〜2005年、2014年〜2015年
4回実施。総回答数＝3万9,225人

第一回　1999年年3月〜6月　　　　　＝80大学の7,634人が回答
第二回　2001年12月〜2002年1月＝88大学の9,183人が回答
第三回　2004年12月〜2005年3月＝107大学の1万370人が回答
第四回　2014年12月〜2015年3月＝172大学の1万2,038人が回答

◎中国の大学生の「手書きの作文」

　2004 年の「第十二回」の『日本語作文コンクール』までは、応募作文はほとんどが手書き。「手書き」の作文を読む度に、多くの「感動」を与えられた。

1993 年・『第一回・日本語作文コンクール』
一等賞の高媛さん（吉林大学）の作文の一部

　互感じ取れるようになるだろう・これからも中日両国はお互いに偏見や誤解をきれいに捨てて、も、と包容し合い、理解し合い、手を携えて、一緒に人間性豊かな二十一世紀を目指すように頑張ってい、たいと僕は心から願っている・

　人間の口調をえらそうに真似て、僕はインタビューを終わった・エアコン付きの部屋に戻った途端、僕は何だかホームシックに襲われたような気がした・二十一世紀の中国と日本が仲の良い兄弟姉妹のように心で心で交流できるようになれば、もうシ

二部 「日本語交流活動」の数々

◎ 第四回・アンケートの回答例。（遼寧師範大学の学生）

① 大学名 ［遼寧師範大学　　　　　　　　］
② 「学部生」ですか、「院生」ですか？（学部生）　　③ 性別（女）

④ 「日本」に親しみを感じますか？（いずれかの前に○を）
　（a）親しみを感じる　　　　　（b）どちらかと言えば親しみを感じる
　（c）親しみを感じない　　（d）どちらかと言えば親しみを感じない　　（e）分からない
　☆それぞれの「理由」があれば、書いてください。

日本といえば、まず日本のアニメと思います。日本のアニメの中にいろいろな意味深いことを含めています。人間への認識、社会への認識など、ずいぶん勉強になりました。環境もきれいだと思います。

⑤ 「日本人」に親しみを感じますか？（いずれかの前に○を）
　（a）親しみを感じる　　　　　（b）どちらかと言えば親しみを感じる
　（c）親しみを感じない　　（d）どちらかと言えば親しみを感じない　　（e）分からない
　☆それぞれの「理由」があれば、書いてください。日本のたくさんのことが好きだけど、歴史に対する態度という点では、どうしても親しみを感じられない。日本人は歴史に対する態度が問題の肝心だ。

⑥ 中国と日本の「相互理解」は出来ていると思いますか？（いずれかの前に○を）
　（a）相互理解は出来ている　　　　（b）ある程度、相互理解は出来ている
　（c）相互理解は出来ていない　　（d）あまり、相互理解は出来ていない　　（e）分からない
　☆それぞれの「理由」があれば、書いてください。

日本の人は過去の歴史を正しく認めれば、中日両国の関係はよくなると思う。上の人はまだ過去の罪をみとめない。このままで、理解なんてできない。でも今は領土の問題についておたがい不愉快になってきた。今の状態は「相互理解」は出来ない。

⑦ 10年後の日本と中国は、どんな関係になっていると思いますか？（いずれかの前に○を）
　（a）今より、親しい関係　　　　（b）今と変わらない
　（c）今より、問題の多い関係　　（d）敵対関係　　　　（e）分からない
　☆それぞれの「理由」があれば、書いてください。

日本と中国の間に、いろいろな問題があり。歴史に対する態度とか、領土の問題とか、中日両国の関係は深刻になっていた。この問題も10年だけで解決できないと思う。

⑧ 日中関係の「壁」になっている「歴史認識問題」を解決するにはどうすればいい
　と思いますか。まず、日本政府は過去の罪を認めること。そして、靖国神社に行って拝むことは二度としない。日本歴史教材も、誤った所を改正して、子供に正しい、真の歴史を教えること。このように、この問題が解決できる。

⑨ 日中関係をよくするために、中国人ができることは何だと思いますか。
　今、日本の先進の科技、きれいな環境、国民の素質などいい所を周囲の人に紹介すること。すべての人が誤った歴史を認めているじゃなくて、ただ、上の人が歴史への態度は違っている。

87

二節・"あれこれ"

◎ "手書き" でスタートした「教材作り」

「季刊誌『日本』」の創刊号から3年間（「十二号」まで）は、すべて原稿は手書き。漢字に「ルビ」を付けて、『四季の言葉』や『昔話』には、イラストを描いた。印刷所からのゲラ刷りを2〜3回、赤字で「朱」を入れる校正が2〜3回。原稿をワープロで書けるようになったのは4年後の1992年から。それでも、「ルビ」を付けるのは手書き。「日本語教材【日本】」作りの頃からパソコンによる原稿書きや「ルビ」付けが出来るようになり、作業能率は格段にアップした。

◎郵送の「荷造り」

「季刊誌『日本』」を中国の大学などに郵送する作業も二人だけ。毎号、印刷所から「50冊・100冊の包み」が約500個、自宅に届く。国内の大学や日本語学校、中国など海外に郵送(海外は船便)するため、「200冊〜30冊」単位で梱包。郵送伝票を貼り付け、台車に乗せて、近くの郵便局へ数十回に分けて運ぶ。この作業が年4回。4万冊発行した創刊号は、国内の大学などと、中国、韓国、タイ、インドネシアなど15ヵ国の大学、合計235ヵ所に郵送した。
湖南大学（湖南省長沙市）日本人教師・梅田星也先生の礼状。（1993年8月）
「毎回思うのは、ご送付いただく「季刊誌『日本』」の梱包の素晴らしさです。
**　二重にしっかりと紐がかけてあり、全く損傷がなく届きます。学生に配るのも、完全な新本で渡すことができます」**

◎ "共に学ぶ" 気持ちで

私どもは、この「活動」を始める時、**「ボランティアという言葉は使わない」**ことを決めた。**「無償の社会活動」**ということに、**「おこがましい」**、**「堅苦しい」**という感じを持っていた。そして、「責任」や「義務」を伴うと負担になって、気楽に活動できなくなる、と考えたからだ。

そこで、「活動を通して、自分たちの人生を豊かにしたい」と、留学生や中国の学生たちと "共に学ぶ" 気持ちを忘れないように努めた。

『日本語教材』作りや『日本語作文コンクール』の開催、『アンケート』の実施など、"二人だけ" の活動は、想像以上の苦労の連続だった。しかし、「忙しい」と思うことは**「心を亡くす」**こと、と何かの本で読んだことがあり、あえて、「忙しい」という気持ちを持たないように心掛けて、中国の学生と共に活動を続けた。

二部 「日本語交流活動」の数々

◎「中国人の歴史観」を実感、そして、感動！

「中国の人たちにとって、日中戦争が心の深い傷になっている」ことを自分の目と耳で直接体感出来たことなど、学ぶことが多かった。それを実感したのが『日本語作文コンクール』の作文や、『アンケート調査』の回答だ。

一方で、『日本語作文コンクール』の表彰式などで出会った学生たちの晴れやかな笑顔、私どもが作成した『日本語教材』を手にして喜ぶ学生たちの写真、『アンケート』に書いてくれた日中友好を願う本音、等々、その一つ一つが、私どもに大きな感動を与えてくれた。

日中関係がギクシャクしている時も、私どもを〝熱烈歓迎〟してくれた中国の大学生と教師（日本語科）が日中友好を支えていることを実感した。中国の学生と歩んだ「日本語交流」の「楽しさ」が苦労を充実感に替えてくれた。楽しみながらの活動は少しも苦にならなかった。今も、たくさんの中国の人たちと〝普段着の交流〟が続いている。

◎ 田中首相の「見識と決断」に感銘 （「一部」・参照）

1972 年の日中国交正常化は、中国の周恩来総理〈当時〉の英断と、日本の田中角栄首相〈当時〉の強い政治力がなければ実現しなかっただろう、という思いが強い。

1950 年の朝鮮戦争で、中国と米国の関係が悪化し、日本は 1952 年に台湾を選択し日華平和条約を締結した。日本では、台湾に好意的な親台派の政治家が力を持ち、東西冷戦下で、中華人民共和国に対して嫌悪や不信感を抱く日本国民も少なくなかった。（大森和夫は新聞記者として）田中氏が自民党の幹事長時代、通商産業大臣、首相の途中まで約３年間、いわゆる「田中番記者」として田中氏を取材。「日中国交回復」を最大の政治課題と考えていたことは身近に感じていた。そして、1972 年 7 月に首相に就任すると同時に、国交回復を熱望する自筆の「親書」を密かに毛沢東主席（当時）に届けるなど、行動を起こした。

日中国交回復を真剣に願う田中首相の思いが中国側に通じ、その年の 9 月、周恩来総理の招待で田中首相が訪中、歴史的な日中首脳会談が実現した。そして、9 月 29 日、両首脳が「日中共同声明」に調印した。それに基づいて、日本はそれまで国交のあった台湾に断交を通告。当時の田中首相の政治的見識と決断力に感銘を受けた。さらに、1978 年 8 月に日中平和友好条約が調印された時は、当時の福田赳夫首相を取材する「官邸クラブ」を担当し、日中友好関係の進展過程を新聞記者として体感した。

その経験が 28 年間の「日中・日本語交流」活動の基盤になっている。

89

◎　活動開始から３年後に「中国」との交流に重点

　1989年３月の「**季刊誌『日本』**」創刊号は、国内の大学以外には、15ヵ国の大学など19ヵ所に郵送したが、中国は５つの大学に50冊ずつ。中国の大学に知人はいなかったので、留学生に大学の所在地を聞いて、そこの「日本語学科」宛に、一方的に送ったのが始まり。その後、中国の大学（日本語科）の教師から「日本を知る素晴らしい季刊誌です」、「私の大学にも送ってほしい」という手紙が次々と届いた。創刊から１年10ヵ月の間に中国の大学の教師や学生からの手紙や葉書は約200通に上り、その後も中国からの便りは増えていった。

※　1990年９月・朴澤龍先生（延辺教育学院）からの手紙
　「日本へ行く機会のない日本語学習者の大多数が、季刊誌『日本』を通して日本の政治、経済、文化などを勉強し、理解しています。季刊誌『日本』は、新しい内容がいっぱいで、日本語を学ぶ教材、日本を知る教科書だと思います」

　中国の大学へ送る「季刊誌『日本』」を少しずつ多くし、３年目に入った1991年に「中国の大学」に重点を置くようになった。そして、３万冊発行した1993年12月の「二十号」は、中国の71大学と個人に計7,000冊以上寄贈した。

　1992年の南開大学訪問を機に、中国の多くの大学で、「季刊誌『日本』」が教材として活用されていることを知った。中国の大学へ送付する「**季刊誌『日本』**」の冊数を増やし、交流が深まるにつれて、中国重点の活動に移っていった。

◎　中国の〝三人の恩人〟（「一部」・参照）

　「日本語教材【日本】」の発行・寄贈や『日本語作文コンクール』の「きっかけ」を作ってくれたのが**王健宜先生**だ。若手教師として青森大学に短期留学した王先生と知り合ったのは、「季刊誌『日本』」を発行した直後だった。1992年を皮切りに、３回、南開大学を訪問。「日中友好のために、中国の日本語教育は『語学訓練型』から『文化理解型』に転換しなければなりません」と熱く語る王先生との出会いが、私どもに大きな力を与えてくれた。

　曲維先生には、「季刊誌『日本』」が縁で、1993年に遼寧師範大学に招待してもらって以来、何度も、日本語科の学生との交流会を開いてくれた。

　1997年、2004年発行の『日本語教材【日本】』では、授業で使いやすいように、本文の各章の後に、『言葉の注釈』と『質問』」を付けてもらった。『アンケート調査』では、用紙の回収や郵送で、遼寧師範大学の教師・職員と大学院生らの協力を得た。

　胡振平先生には、日本語科のある中国の大学で組織する中国日語教学研究会の会長として、多くの大学に『日本語作文コンクール』の参加を呼びかけてもらい、各版の『日本語教材』を授業で活用してもらいように、働きかけてもらった。

　三人の先生には大半の『日本語作文コンクール』で、最終審査員をお願いした。

二部　「日本語交流活動」の数々

◎　「南京大虐殺」の記述で中国の出版社と議論

　「季刊誌『日本』」を中国など外国の大学に寄贈する時、「本の代金より、海外への郵送料が高いこと」が頭痛のタネ。中国で出版すれば、出版費用も中国の各大学に寄贈する郵送料も割安になる。そこで、1997年12月、遼寧省大連市の大連出版社から出版し、2004年11月からは北京市の外研社（外語教学與研究出版社）から出版し、そこから中国各地の大学に郵送することにした。

　「原稿と写真」だけでなく、「ルビ付け」もパソコンで処理できるようになったものの、「ゲラ」の校正は、外研社から「全文」をパソコンの「ＰＤＦ」で送ってもらい、それをコピーして直し、それを外研社に送信する方法のため、「細かい箇所の直し」をパソコン上で処理する作業はかなり煩雑になった。

「南京事件」の記述に、出版社から「クレーム」

　北京の「外研社」から出版することで、【歴史（近代と現代）】の「日中戦争」などの記述について、いくつかの点で出版社からクレームがついた。

　「南京大虐殺」の犠牲者の数について、最初の原稿は、「**いろいろ議論があるが、『二十万人から三十万人』と言われている**」と書いた。

　これに対して、外研社の日本語部・責任者から「**中国の出版社は全部国営です。中国の出版社の言論は中国政府の言論と一致しなければなりません。『三十万人以上の犠牲者』に直すか、『犠牲者の数は、二十万人から三十万人』を削除**しなければ、出版できない」という回答がきた。何度もやり取りを繰り返し、「日本人が作った日本語教材を中国の学生に読んでもらう」ことを優先して、『**日本軍は残虐な手段で、非戦闘員の婦女子を含む夥しい数の中国人を殺害した**』という「記述」を提案したところ、外研社も最後は了解してくれた。

　最初に原稿を出版社に送ってから9カ月後に出版にこぎつけた。

◎　ＮＨＫ「ラジオ深夜便」の反響　　（「一部」・参照）

　2012年10月に二日間、ＮＨＫの「ラジオ深夜便」の「明日へのことば」で話した「日中民間交流の二十四年」について、以下のような反響があった。

　「日中友好に個人で貢献した活動に感動した」、「ご夫婦で長い間、ご苦労様でした」、「『三つの感謝と一つの謝罪』の話に感銘を受けた」、「お二人の間で『ボランティアという言葉を使わない』というお話は特に印象的でした」、「中国の反日デモなどを報道で知るにつけ、お二人の活動がますます意義深く重要だと改めて思います」など。

　☆次頁に、大阪府豊中市の芦田悦雄氏（72歳）のメールの一部。（原文）

91

「二日間、ラジオからのお話を聴いて、感動いたしました。よくぞ長い間私財を投じて日中の草の根の交流に尽くされました。その熱意には言葉もないくらいに敬服いたします。心の通じている中国人は、どんなに政治の摩擦が起きようとも、日本人への信頼は揺るがないと思います。そのような人が一人でも多く中国に増えてほしいとの願い、同感しました。また、奉仕じゃない、とのお考えにも深く感銘を受けました。私は、退職後三年間内モンゴルの砂漠の小さな町で日本語を教えました。当時小泉首相が靖国を参拝する度に、身を縮めて外出したことを思い出しました。これからも日中の草の根の交流に何か役立ちたいとの思いを、強く持たせていただきました」

※　　　　　※　　　　　※　　　　　※

◎　〝マイペース〟を守って！

活動を始める時、「活動は夫婦で出来る範囲にとどめる」ことを決めた。個人の活動として手を広げ過ぎて人に迷惑を掛けることになる、と考えたからだ。

28年間、〝マイペース〟を守ってきたのは、健康上の理由もあった。

大森弘子は昭和61年（1986年）頃、腰痛がひどくなり、練馬区の病院で「椎間板ヘルニア」と診断され、医者からは手術を勧められた。しかし、術後の不安から「リハビリと薬」の治療を選択。その後、腰、膝、足の裏（筋膜炎）、足の指（モートン病）の痛みが常態化した。水中歩行や電気治療のリハビリと薬が欠かせない。

大森和夫は平成16年（2004年）5月、脳ドックで未破裂脳動脈瘤（約4㍉）が見つかり、「形もいびつなので、手術が望ましい」（東京都江戸川区・森山記念病院）と宣告された。「活動を止めようか」と、約1ヵ月悩み続けた。そして、「半年ごとの定期検査・薬と毎日1万歩で血圧を下げる」ことで、「手術・の回避」を決断。その年の12月に上海市の華東師範大学で行なった「第十二回・『日本語作文コンクール』」の表彰式で、「『日本語作文コンクール』は今回で終わります」と宣言。数人の学生が「長い間ご苦労様でした」、「残念です」と涙を流しながら声を掛けてくれ、胸が熱くなった。幸い、その表彰式に参加していた日本僑報社の段躍中さんが、その意義を感じて、『日本語作文コンクール』を〝引き継いで〟くれた。

ただ、「日本語の作文を書く力を高めるためのコンテストを！」という中国の大学の教師の要望が多く、段躍中さんの『日本語作文コンクール』と競合しない形で、「中国の大学院生『日本語作文・スピーチ・討論コンテスト』や『日本語教材【日本】・感想文コンテスト』などを実施した。

大森和夫は〝マイペース〟を守ることに努めてきた。順天堂東京江東区高齢者医療センターの処方に従って、脳神経外科の経過観察、前立腺肥大や高血圧の治療、大腸ポリープの切除、薬の服用と「毎日・1万歩！」で健康管理をしながら、『日本語教材』の作成と寄贈活動などを続けてきた。

三部

中国の大学（日本語科）から届いた【学生と教師の「声」】

一章・【日本語教材】の感想

二章・『日本語作文コンクール』の
　　　入賞作文

三章・『アンケート』の回答

四章・「手紙」と「Eメール」

（敬称略。肩書きはいずれも当時）

一章
【日本語教材】の感想

【一】「季刊誌『日本』」「1号～33号」

1989年3月～1997年3月　　【各号26～38頁】

8年間に約120大学に、約25万冊寄贈

内容＝「日本の出来事」、「年中行事と季節の言葉」、「季語と俳句」、「日本伝統のスポーツ・文化」、「数字で見る日本」、「日本語講座」、「古典文学」、「伝統の文化」、「政治の動き」、「日本経済躍進の秘密」、「日本語の中の日本文化」、「世相語あれこれ」、「日本の昔話」、「日本のとんち話」など。

（各号により、テーマ・内容は異なる。ルビ付）

『中国人留学生』

陳　選（北海道大学）　～留学生の良い友達～

　一年前、札幌に来たばかりの時に寂しくてたまらなかったところへ、大学の事務室から「**季刊誌『日本』**」という雑誌をもらったのです。その後、『**日本**』の来るのを楽しみにしながら生活を送っております。『**日本**』は留学生のよい友達です。今後、日本での留学生活を思う度に『**日本**』という良い友達を思い出すでしょう。

羅莘莘（大阪大学）　～"他郷で知己に会う"気持ち～

　来日したばかりで、ホームシックで寂しくなりました。気持ちを紛らわすために、『**日本**』を読み始めました。すぐ気に入って一気に読み終わりました。"他郷で知己に会う"気持ちで、『**日本**』に心の話をしながら日本のことを勉強しています。

《中国の日本語教師》

曲　維（遼寧師範大学。遼寧省大連市）
～「季刊誌『日本』」を読んで、『中日友好』を考えています～

　日本語科の学生が毎号、「**季刊誌『日本』**」を待ち望んでいます。中国の学生のために頑張っていらっしゃる大森先生ご夫妻のことを、いつも学生に話しています。学生は目を輝かしながら『**日本**』を読んで、『中日友好』の将来を考えています。

三部　中国の大学（日本語科）から届いた「学生と教師の『声』」

阮　毅（深圳大学。広東省深圳市）　〜「廃刊まで活用」〜

　「季刊誌『日本』」と出会ったのは、日本語学校のいわゆる〝就学生〟時代だった。最初に『日本』を手にした時のことは、今でもはっきりと覚えている。きれいに印刷された創刊号は、日本文化、日本社会、日本語に関する文章が、とてもわかりやすく書いてあり、ほとんどの漢字にルビが付いているので、大変読みやすかった。廃刊まで毎号、『日本』を頂き、日本社会との接点として活用させてもらった。日本留学時代には、最初にサポートしてくれたのは『日本』だった。大森所長と奥様の活動は、数えきれないほどの中国の大学生の日本語能力を高め、日本文化を正しく中国人若者に伝える重要な役割を見事に果たした。中日交流史に刻まれた偉大な活動です。

『中国の学生』

李奇楠（北京大学。北京市）　〜不可欠の愛読書〜

　「季刊誌『日本』」を読ませて頂き、私たちの学習上、教育上における不可欠の愛読書になりました。日本の政治、経済、文化、言葉などに関するいろんな最新情報と貴重な知識を知り、身につけることができます。

◆　　　　◆　　　　◆　　　　◆

【二】「日本語精読教材『日本』　1995 年 1 月

約 80 大学に、約 3,500 冊寄贈

内容＝「日本の四季」、「伝統のスポーツ」、「伝統芸能」、「日本の昔話」、「源氏物語」、「日本の国土」、「日本の歴史」、「日本経済」、「政治の仕組み」、「年金制度」、「日本人の生活と文化」など 50 項目。（206 頁。ルビ付）
　　◇王健宜教授（南開大学・天津市) の「言葉の読み方」「文の構成法」など付

『中国の学生』

鐘　響（烏魯木斉＜ウルムチ＞職業大学。新疆・維吾爾＜ウイグル＞自治区烏魯木斉市）
〜新疆と日本の〝虹の架け橋〟〜

　日本人教師の石村日満子先生が、「日本語精読教材【日本】」をクラス全員 33人に一冊ずつ渡して下さいました。そして、『この本は以前、朝日新聞社に勤めておられた大森和夫先生と大森弘子先生がへんさんされたのです。みなさん大切にしてください』とおっしゃいました。【日本】を編集した動機と経過をお話されました。私は心を強く打たれました。先生ご夫妻は中日友好と交流の面で力を尽くされて、そのお陰で私たちはこんな素晴らしい、よい教材を得られました。

　今使っている「日本概況」という教科書は内容がとても古いです。【日本】は、

95

内容がとても豊富で、日本の政治や生活習慣や風俗や文学などが含まれています。日本を知る上で大変役立ちます。みんな、"いい教科書だなぁ"と思わず言いました。素晴らしい文章を読む度に新しい収穫が得られます。

　中国と日本は昔から一衣帯水の隣国と言われていますが、本当には感じられませんでした。新疆は我が国の西北に位置し、日本と一番遠い省区です。地図を見るたびに新疆に住んでいる私は一衣帯水という言い方を正しくないと思いました。しかし、『日本』という教材を手にした時、この距離感が突然消えました。『日本』が内陸の新疆と遠い日本の間に虹の橋をかけているようです。【日本】はほかの学生が使うので、卒業の時に返さなければならないです。ある人はコピーをし、ある人は書き写しました。文章を読むたびに、感謝の気持ちが深くなります。

【南開大学（天津市）】

劉沂虹　〜時代感や新鮮さに溢れた教材〜

　【日本】という精読教材に初めて出合った時、内容を見ただけで、すごく興味が湧いてきました。今まで手にした教材と違って、時代感や新鮮さに溢れたものばかりで、読み始めると、置きたくなくなります。言葉の解説から風土、人情、民話から政治制度まで、ほかの本とは比べ物にならないほど内容が豊富です。日本に関する沢山の瑞々しい知識の盛られた本を食べて、日本に関する栄養をもっとつけたいと思います。

金慧順　〜空白を埋める手引書〜

　私達は中国で9年近く日本語を習っていても、表面的な発音とか日常会話だけで、実質的な日本人の考え方や、文化については空白の状態でした。この空白を埋める役割をしてくれたのが「日本語精読教材【日本】」です。日本理解の良き手引書、楽しい教材です。

肖　平　〜楽しい日本の旅〜

　現実社会についての評論や言葉づかいのまとめや文学作品の紹介など色々あり、【日本】を開いたら、日本の楽しい旅をしていると感じます。

曲暁雲　〜沢山の日本の知識や常識〜

　日本から紫の表紙の「日本語精読教材【日本】」を頂き、春の息吹が立ち昇ってくる感じがします。私達に沢山の日本に関する知識や常識を提供してくれました。大森先生ご夫妻及び王健宜先生が中国と日本とに離れてこの本を完成されたと思うと私達は先生方の貴重な時間と労力を無駄にしないよう、中日友好のために励み、努力します。本当に感謝致します。

三部　中国の大学（日本語科）から届いた「学生と教師の『声』」

◆　　　◆　　　◆　　　◆

【三】「大学用・日本語教材【日本】」（上・下）
1997年〜1998年
約110大学に、約2万6千冊寄贈

内容＝上巻（387頁）・「日本の姿」、「四季（上）」、「日本経済」、「文化（上）」、「教育」、「文学」、「行動様式と生活習慣」、「日本語」、「新聞を読む(朝日新聞の社説)」「自然」など
　　　下巻（460頁）・「日本の歴史」、「四季（下）」、「政治」、「経済」、「教育」、「『白書』で見る日本」、「社会保障・医療・福祉」、「文学」など
　　　　　（ルビ付。曲維教授（遼寧師範大学・大連市)の「注釈」、「質問」付）

《中国の日本語教師》

劉銀良（内蒙古大学。内蒙古自治区呼和浩特市）
〜中国の日本語教育の空白を埋める教材〜
　【日本】（下）が156冊も届きました。日本語を学ぶ学生にとって、言語の背景にある文化・社会に関する知識を深めることが大切です。しかし、残念ながら総合的に日本の広い文化、社会的背景を紹介した本はありません。【日本】（上、下）は中国における日本語教育の空白を埋める教材として、大きな意義を持っています。本学では、授業の中で日本理解の教材として本書を活用させて頂きます。学生が日本を理解し、中日友好のために頑張ろうとする力が湧いてくると思います。

王健宜（南開大学。天津市）　〜「文化理解」に貢献する教材〜
　【日本】の内容は、歴史から和食まで、そして、政治や経済の今の日本の動きまで実に豊富で、語学だけでなく、日本、日本人への理解を深めることができます。中国の日本語教育は、「語学訓練型」から「文化理解型」へ転換していくことが大きな課題ですが、【日本】はそれに貢献する大変有意義な教材です。

劉潤徳（河南師範大学。河南省新郷市）　〜日本語の授業が豊かになります〜
　中日両国人民の相互理解は言葉としては簡単ですが、実行は至難なことです。中日両国の間にまだ相互不理解と誤解がたくさんあります。【日本】というテキストは、中国の若い世代の日本理解に大いに役立つと思います。日本の自然から歴史、政治、文学から和食のことまで、本当にいろいろなことについて、詳しく、そして、易しい文章で解説してあります。学生には「一番新しい日本事情の本」で、教師たちは「日本語の授業が豊かになる」と大喜びです。

97

邱剣英（長春大学。吉林省長春市）　〜誤解を少なくする教材〜

　日中関係は飛躍的に発展したにもかかわらず、イデオロギーの誤解、種々さまざまな行き違いなどで問題が深刻化する感さえあります。これらの問題は理解不足に起因するものが多く、無理解による誤解も少なからずあると思います。中国の大学の日本語教師が一番頭を痛めているのが、日本のあらゆる角度から理解することができる日本語の教材がないことです。学生は、特に、日本の文化のことや社会のことや風俗習慣のことや、いっぱい知りたいと思っていますが、教材が少ないです。日本へ行った教師は少ないし、自信をもって日本のことを教えることが難しいのです。教師は自分で資料を集めて授業をしますが、まとまった資料がありません。特に、今の日本の情報が少ないです。寄贈して頂いた【日本】は、まさしくよいタイミングで作られた絶好の教材です。上巻と下巻を合わせると、850頁もある大きな教材の中に、日本の歴史、国土、四季、文化、文学、政治、経済、和食などの情報がいっぱい詰まっています。誤解を少なくし、諸方面にわたる相互理解を深めてこそ、制度を超えて二十一世紀の中日関係を築くことが出来ると信じております。

閻麗艶（瀋陽師範学院。遼寧省瀋陽市）〜日本へ行かなくても、詳しく知ることができる〜

　日本へあまり行けない中国の人の教師と学生にとっては、【日本】は、日本へ行かなくても、日本の四季、憲法、経済、文化、教育などを詳しく知ることができます。

秦明吾（北京第二外国語学院。北京市）　〜日本の知識を広げる〜

　【日本】（上）を頂きまして、教師・学生ともに拝読・勉強させて頂いております。日本の歴史や文化、政治、経済、社会、教育などの面について、いろいろ知ることできるようになり、非常に喜んでおります。また、【日本】の下巻を468冊も頂きました。合わせて、日本についての知識を広げるのには大いに役立ちます。

『中国の学生』

建賛賛（河南大学。河南省開封市）〜日本に関心を持って、考えるようになった〜

　大学に入って日本語を勉強するまで、日本について考えたこともあまりなかった。最初は、文法のことで精一杯だった。文法の枠から出て、日本の出来事などに関心を持って、少し考えるようになったのは、国際交流研究所が「**大学用日本語教材【日本】（上、下）**」を私の大学に寄贈してくれた時だ。辞書を調べながら、少しずつ言葉を覚えた。読んでいくと、楽しくなってきた。独特の趣のある季節の移り変わりと、さまざまな「年中行事」、由来が同じでも中国と日本で微妙に違いのある「慣用句」や「熟語」など、どれも興味深かった。

【四】「新版・日本語教材【日本】」（上、下）

2004 年〜 2005 年
約 110 大学に、約１万６千冊寄贈

内容＝上巻（330 頁）・「日本の国土」、「日本の四季」、「日本の文化」、「日本人の
生活習慣と行動様式」、「日本語」、「和食」
下巻（345 頁）・「日本の歴史」、「日本の制度と社会」、「日本の文学」、「日
本語の表現」
（ルビ付。曲維教授（遼寧師範大学・大連市) の「注釈」、「質問」付）

《中国の日本語教師》

陳雨賢（黒龍江大学。黒龍江省哈尔濱市）〜言葉の後にある文化・民族精神〜

　今教えている学生にも日本人国民に恨みを持っている学生がいます。それは
歴史的な問題が主なのですが、日本国民を理解できないということもあります。
大森先生ご夫妻の【日本】（上、下）が、日本のことを分かりやすく紹介して
くださったので、それを使って学生に紹介する自信も沸いてきます。二十年、
日本語教師をしていますが、外国語を教えることはただ言葉を教えるだけでな
く、一番大事なのは言葉の後ろにあるもの、その国の文化・民族精神・歴史な
どを紹介することだと思います。日本語を教えると同時に、日本の国と日本人
について、できるだけ客観的に伝えることにしています。

　両国の往来・理解などは、日本語を専攻にする学生にだけではなく、多くの
中国人に必要なことだと思います。微力ですが、学生に日本語を通して広く日
本についての教育と一緒に、社会人にも日本の国・社会・文化・歴史などにつ
いて理解してもらえるように、頑張っていきます。

林娟娟 (厦門大学。福建省厦門市)　〜教師全員に四冊ずつ〜

　2005 年にご寄贈いただいた「新版【日本】」の 150 冊について、活用法をご
報告致します。

　①、日本語学部の教師全員に四冊ずつ渡しました。

　②、優秀な学生に、コンテストなどの「賞」としてプレゼントしました。

　③、残りは、研究室と資料室に配置しました。

　前の【日本】も、厦門大学の大学院入試の参考書となっております。

孔　穎（浙江大学城市学院。浙江省杭州市）
〜とても使いやすいテキスト。「源氏物語」を授業で〜
　【日本】は、歴史、文学、経済、政治、宗教など、内容が幅広くて面白くて
豊かですし、とても使いやすいテキストだ、と実感致します。「日本文化」の
授業で、「源氏物語」について話をしました。作者や内容の三部構成など、と
ても要領よくまとめてあるので、大変役に立ちました。学生たちは皆、興味
津々に聞いてくれました。

『中国の学生』

曹　敏・華婷婷（南通大学。日本語学部二年生代表。江蘇省南通市）
〜内容が豊富で、文章が生き生き〜
　【日本】という教材をもらって本当に嬉しいです。学校の教科書ばかりを勉強
していると、日本についての知識がやはり貧弱です。本屋や図書館の本は古くて
楽しくありません。【日本】という教材で、その悩みは解消しました。内容が豊
富で、教科書や辞書にないいろいろな知識を学ぶことができます。文章と言葉が
生き生きしています。特に漢字に振り仮名がつけてあり、とても便利です。私た
ちはきっと一生懸命日本語を勉強して将来、中日の友好に自分の力を尽くします。

◆　　　　◆　　　　◆　　　　◆

【五】「朗読ＭＰ３版付・日本語教材【日本】」（上、下）

2009 年―2010 年
約 80 大学に、約 3 千冊寄贈

内容＝上巻（311 頁）・「日本語」、「文学」、「文化」、「日本料理（和食）」
　　　下巻（302 頁）・「自然」、「国の姿」、「制度と社会」、「日本人の行動様式」
　　　　　　（ルビ付。曲　維教授（遼寧師範大学・大連市）の「注釈」「質問」付
　　　　　　笈川幸司、米川ルリ子、丹羽麻衣子・各先生の「朗読」付）

『中国の日本語教師』

董雲建（大理学院。雲南省大理市）　〜最高の参考資料〜
　充実した内容と高度な文章に魅了され、とても勉強になっています。日本語だけ
ではなく、日本の社会や文化などに関するものも、もっともっと勉強していかなけ
ればならないと実感しております。私にとって、この本は最高の参考資料で、大切
に使わせていただきたいです。日本語を教えている者として、本当の日本をこちら
の学生に伝えられるようにまず自分を磨いていきます。寄贈して頂いた【日本】は
日本語の先生に渡したり、期末テストの奨励品にしたり、残りは図書館に置きます。

100

三部　中国の大学（日本語科）から届いた「学生と教師の『声』」

『中国の学生』

【遼寧師範大学の大学院生（遼寧省大連市）】

李暁丹　〜毎朝読んでいます〜

　「MP3付【日本】」を毎朝、読んでいます。言葉がわかりやすく、内容が豊かで、日本語の学習者に非常に役に立ちます。大森さんご夫妻は中日友好のために力を尽くしてくださいました。日本語学習者の私は、中日友好の橋をかける責任を負わなければなりません。頑張りたいと思います。

于　楊　〜日本の情報がいっぱい〜

　院生の試験を受ける時、「新版【日本】」を勉強しました。こんどの【日本】（上）は、本当にすばらしい本だと思います。日本の国土と気候だけではなく、日本の文化と政治や歴史、歌舞伎や茶道、文学と言語、和食もあります。日本に関する事情がいっぱい書いてあります。日本について、今まで知らなかったことが深く、詳しく分かるようになりました。朗読のMP3も本当に学生に役立ちます。

蘇　瑩　〜旧版も全部読んで、日本文化などを身につけました〜

　2009年6月に吉林師範大学日本語学科を卒業しました。大学時代に、以前の「大学用【日本】」と「新版【日本】」を全部読んで、日本文化や日本文学や日本言語などの知識を身につけました。私は日本に行った経験がありませんが、日本の習慣とか日常の生活環境とかいろいろなことを分かりました。そして、日本文化や日本文学や日本言語などの知識を身につけました。今度の【日本】（上）は「MP3」があって、中国人学生にとって、発音と話し言葉を練習するいい教科書です。

・・・・・・・・・・・・

黄遠蘇（韶関学院外語学院。広東省韶関市）〜「真の日本」を理解〜

　【日本】（上）を読んで。言葉（文字の仕組みや語源など）、文学（昔話や近代文学など）、伝統文化、和食の四分野では日本の特色がよく理解できました。寿司、天婦羅、すき焼き、納豆など、日本独特の食べ物について、料理のルーツだけでなく、料理の作り方や食べるときのマナーなども詳しく説明されています。

　難しい漢字には、振り仮名があるので、読みやすいです。多くの語彙や知識が学べます。本書に付いているMP3は日本人の朗読なので、ヒヤリングの助けになります。内容は豊富で、とてもすばらしいので、自分で買って読む値打ちがあります。

◆　　◆　　◆　　◆

【六】「最新版」と「改訂版」・「日本語教材【日本】」

2012 年 7 月～ 2013 年 6 月
約 120 大学に、合わせて約 9,200 冊寄贈

内容＝ 252 頁・「東日本大震災後の日本」、「国の形と仕組み」、「歴史」、「自然（四季＝季語と年中行事)」、「伝統文化」、「日本語」、「文学」、「日本人の行動様式」、「和食」
（改訂版は、2012 年暮の安倍晋三内閣（自公連立政権）誕生後の政治・経済の変化や東日本大震災後の様子などを書き加えた。ルビ付)

・・・・・・・・・・・・・・・・

【七】「日本語教材【新日本概況】」

2014 年 9 月～ 2016 年 3 月
約 150 大学に、約 1 万冊寄贈

内容＝ 252 頁・
一章「『日本』の姿」（政治の歩みと課題、日本経済の推移と現状、「『少子高齢』社会と福祉」、「教育の変遷と今」、「東日本大震災と原発事故」、
　　　「復旧から復興へ」
二章「国の形と仕組み（国土と人口、三権分立、日本国憲法、元号）
三章「歴史」
四章「自然（四季＝季語と年中行事)」
五章「伝統文化（芸術、芸能、スポーツ)」
六章「日本語」
七章「文学（古典、近代の小説、俳句・詩・短歌、昔話)」
八章「日本人の行動様式」
九章「和食」（ルビ付)

【七】「日本語教材【新日本概況】」は、【六】の「改訂版・日本語教材【日本】」の「一章」を 2014 年 9 月時点で書き直した。
　2015 年 10 月に「日本語教材【新日本概況】」を 3,000 冊増刷し、寄贈。
（2014 年 9 月に発行した【新日本概況】のまえがき・あとがきを直して増刷)

☆【感想文】は、【六】と【七】をまとめた。

三部　中国の大学（日本語科）から届いた「学生と教師の『声』」

◎「最新版」と「改訂版」・「日本語教材【日本】」
『感想文コンテスト』（2014 年開催・応募 ＝3,023 編）から

《一等賞》

> 毎日、【日本】を１０頁ずつ読んで、翻訳
> 父は、少しずつ日本に「親しみ」を持った
> 　　　　北京第二外国語学院（北京市）　董亜峰（女）

　この冬休みは、本当に充実していました。毎日、「日本語教材【日本】」を「10頁」ぐらい読んで、理解を深めるため、それを翻訳しました。そして、心の中で日本に恨みを抱いている父は、それを聞きながら、私と話し合いました。

　私は日本語を専攻していますが、日本、あるいは日本人について、そんなに理解していません。日本は強い経済力を持ち、豊かな文化が発展している国だ。日本人は勤労で真面目な民族だ。そういう一般的な知識はありました。それは、大体正しいですが、ただ表面的な理解でしかありません。

　中国人として、日本人に対して複雑な感情があります。中国を侵略した歴史を日本が承認しないことは憎いです。しかし、豊かな文化を愛し、完全な制度を持つ国民の高素質と高収入を羨ましく思うこともあります。とりわけ、資源が乏しい日本が先進国になった奇跡は、非常に敬服します。

　「日本語教材【日本】」を通じ、真実の日本に触れ、多くの分野の知識を学びました。私たちの以前の教科書『日本概況』は、日本の国土や文化について、中国人の立場から日本の姿を表現しています。これに比べて、【日本】は、日本人である著者の感情が伝わってきます。例えば、東日本大震災後の心からの憂慮、伝統文化や文学への誇りなど、私は共感を覚えます。また、季語と俳句の美しさは、外国人の私には十分理解することは難しいですが、日本人の自然を愛する心情に共鳴します。

　私が翻訳した【日本】の内容を聞いた父は、日本に対して「親しみ」を持ったようです。日本を褒めたり、たくさんの問題と話題に関心を持ちました。そして、「日本も中国のようにいろいろな困難もあるね」と話しました。

　【日本】は、日本人の角度から、真実の日本の政治、文化、歴史などを紹介し、問題点や困難も指摘しています。中日交流の架け橋である私たち日本語専攻生は、日本を深く理解することが大切です。そうすれば、中日両国の相互理解と友好の絆も深くなると思います。

　それが、私たちの責任でもあり、【日本】の著者の願いでもあろうと思います。

《二等賞》

日本に対する「偏見」が解けてゆく

【日本】の感想は「混沌」から「落ち着き」

西安外国語大学（陝西省西安市）　孫麗雲（女）

「日本語教材【日本】」の感想を一言で表現すれば、「混沌」から「落ち着き」です。私がいままで、日本について感じ、考えていたことが少しずつ整理されているのかも知れません。

大学で日本語を勉強する前に考えていたこと、特に中等学校から学んだ「日本に対する漠然とした歴史的反感」、そうでありながらも先進国であり、多くの自由が保障される国という「漠然とした憧れ」のようなものが、「混沌」としていましたが、今は少しずつ「落ち着いて」いくような感じです。

私が何を誤解してきたのか、何故ほかの国ではない日本に特別な思いをもっていたのか、そして、将来は日本をどのように正しく見るべきか、を悟ったのが、【日本】を読んだ最も大きな収穫です。

日本語が面白くて読み始めた【日本】の勉強で、このように多くのことを短い時間に得ることが出来たのは、本当に幸運だと思います。

私は、【日本】に書いてある知識をすべて理解したとは言えません。けれども、日本人は、他人をまず考える点、親切だという点、合理的だという点、責任感が強いという点などを感じました。【日本】で、日本の人々が暮らしている実際の姿を勉強して、いろいろ感じることが日本人を正しく理解するのに役立つと思います。日本を感じることが出来る伝統的なものを、もっと見聞きしたかったと思いますが、日本と日本人への興味が深くなってきました。

このように、私が何となく抱いていた日本に対する偏見が解けてゆく度に感じる感想は、言葉ではなかなか表せないほど妙で神秘的なものでした。

私が日本語を勉強した日から今まで、そんなに長くないから、日本と日本人を正確に理解して、評価するのは無理かもしれない。しかし、これだけは確信できる。日本人は私たちと全く異ならないということである。温かい心があり、人間味がある。今や日本は心の中の「遠い国」ではない。私の「友達」がいて、私の「家族」がいる国として心の中にある。【日本】を読んで、そのことが分かった。

《三等賞》

【日本】は、豊かな「日本語の世界」

私の翻訳で日本の情報を伝えたい

安陽師範学院（河南省安陽市）　韓福艶（女）

「日本語教材【日本】」は、日本語学習者にとって本当に素晴らしいし教材です。内容は新しいものが多いです。日本についての知識が豊富になります。

　私たちが使っている教材はちょっと古いです。ほとんど十年も二十年も前の日本の状況ばかりです。

　【日本】は、私を豊かな「日本語の世界」へ連れていってくれます。

　日本語を学ぶ私たちにとって、日本の社会や文化などを理解することがとても大切です。【日本】は、今の日本の真の姿を知ることができ、日本の本当の姿を深く理解することができました。範囲が広くて、日本人の生活や歴史、文化など、内容はとても豊富で、面白いです。特に『四章・自然』で、季語や年中行事についての理解が深まりました。各項目の最後に俳句があって、とても工夫されています。

　また、東日本大震災についての写真はかなり生々しくて、当時の状況を理解しやすいです。被害の大きさと復旧・復興に向かって頑張っている日本の人たちの「絆と底力」がよく分かりました。原発事故という大きな課題が完全に解決できるように、頑張ってほしいと願っています。

　日本語は私に新たな人生を与えてくれました。私は翻訳が好きになり、特に国際ニュースの翻訳を好んで勉強しています。大学院に入って、専門的な翻訳の先生のもとで専門的な翻訳をしっかり勉強したい気持ちが強くなりました。

　私の翻訳で、日本の情報を多くの人々に伝えたいです。

　日本との情報交流者として国と国、人と人との絆を深めることができれば、幸せです。翻訳という道は難しいとは思いますが、夢を忘れず、精一杯頑張っていこうと思っています。

　日本という国と日本の文化を深く理解することができる【日本】は、本当にいい日本語教材だと思います。私は、【日本】を読んで、頑張っています。

《注・そのほかの『感想文』の「入賞作」の抜粋は、「三部」二章の【16】に》

『中国の学生』

李雨萍（南京大学。江蘇省南京市）～驚くほど内容が豊かで、詳細～

　日本語は既に四年余り勉強してきた。日本という国に対するイメージは、「小さく、かつ不思議な色彩を帯びている島国」だった。自分が知っている日本は限られている。日本語専攻の学生として、単に言語しか学ばないというわけにはいかない。日本の社会・自然・歴史やその他様々な事柄を知ることが重要だ。

　【日本】という本は、全面的に日本という国を理解するには、とても都合のいい本だと思う。日本人の手によって編纂されたものであり、驚くほど内容が豊かであり、詳細だ。伝統的なものもあれば、時代性に富んでいるものもある。東日本大震災から日本の政治・経済・・国土・歴史・自然・伝統文化・言語・行動様式・和食など、いろいろなことが詳しく、かつ分かりやすく説明している。文章も読みやすい上に、難しい単語には、ちゃんと振り仮名がつけられている。日本語の初心者にも日本を理解することができる優しい教材だ。【日本】を読むことにより、日本の真の姿を知ることができ、新しい日本を発見することもできる。とても楽しい教材だ。

【新疆師範大学（新疆ウイグル自治区烏魯木斎市)】
郭恵恵～両国国民の友好の証～

　11月25日のホームルームで特別なプレゼントもらいました。大森先生ご夫妻からの「**最新版【日本】**」です。とても感激しました。【日本】は大森先生ご夫妻の厚と、両国国民の友好の証です。お互いに相手のことが分からないからこそ、摩擦が起こるのです。【日本】は私たち若者がよりよく日本を理解する上に役に立ちます。また、私たち若者はきっと中日友好を続けると信じています。恩を忘れない心を持って、大森先生からの愛を感じながら、中日友好の伝播者になろうと思います。

殷美林（新疆師範大学。新疆ウイグル自治区烏魯木斎市)
～印象に残った『四章・自然』～

　【日本】という本を拝見して、日本社会についての理解はもっと深くなり、知識も豊かになりました。日本の文化に対する興味がいっそう強くなっています、日本語をもっともっと身に付けようと決意しました。印象に残ったのは、『四章・自然』で、春夏秋冬の特徴を列挙し描写することです。私は伝統的な記念日、異なる季節の代表的な景物を知りました。伝統文化の紹介もすばらしいと思います。文学では「源氏物語」と「百人一首」などの古典作品には非常に興味を持っています。テレビなどを見るだけでは、日本人の行動は少し誤解を生じやすいと思います。【日本】によって、現代日本人の行動様式をもっとはっきりと了解しました。

【重慶大学（重慶市）】

陳斯迪〜一度日本へ行ってみたい〜

　【日本】を一気に読んだ。日本の文化や民俗を勉強して、ぜひ一度日本へ行って、日本人と一緒に日本の生活を体験したいと思った。私が一番興味があるのは『八章・日本人の行動様式』だ。日本人の性格や考え方を理解できるようになった。

姚媛媛〜複雑な源氏物語を理解〜

　【日本】の『七章・文学』を読んで、源氏物語は複雑だが、はっきり理解できた。源氏物語の「三部」をそれぞれ紹介してあった。源氏物語の重要な内容が分かった。源氏物語とその時代についても深く理解することができた。本当にすごい本と思う。

玉　敏〜「敬語」と「和」が大切〜

　『敬語』はとても難しいですが、【日本】を読んでから、敬語に対する理解が深くなりました。敬語は相手や周囲の人と自分との関係を表現するので、コミュニケーションを円滑に行い、確かな人間関係を築いていく上で不可欠です。『八章』にある「和」も社会に不可欠です。

【大連工業大学（遼寧省大連市）】

劉　欣〜新しい教科書〜

　【日本】は、日本の自然、歴史、文化、文学、食生活など、最新の情報を含めた「日本と日本人」に関する新しい教科書です。日本と中国は切っても切れない絆が結ばれていますが、今は、それほど順調ではありません。中国人として、日本語科の学生としての私は、【日本】を読んで、皆で中日友好のために頑張りたいです。

姜蘊航〜歴史を系統立てて〜

　日本の「歴史」について、【日本】の『三章』を通して系統立てて学ぶことができます。また、日本の伝統文化は世界で特別なものだということがよく理解できます。

【北京第二外国語学院（北京市）】

朱鈺茜〜簡潔で面白い〜

　【日本】を拝読して強く心を打たれました。李莉先生からご夫妻のことを聞いて「素晴らしいですね、偉いね。」と思いました。今使っている教科書よりもっと簡潔で面白いです。『第八章・日本人の行動様式』の「集団意識は？」とか「和の精神は？」などがとても気になり、一生懸命読みました。ご夫妻の努力によって中日両国の交流と人民の相互理解はもっと深くまると固く信じております。

黄倩榕～まるで「日本指南書」～

【日本】を編集してくれましたお二人の精神に深く動かされました。【日本】を読んだら、日本に関することが大体理解できるようになりました。まるで「日本指南書」です。今も、中日両国の間にいろいろな誤解があります。【日本】を通して、両国の人民がお互いに理解を深めることができます。これから私はいろいろな知識を身につけ、口先だけでなく、自分の行動で中日両国人民の末永い友好に寄与したい。

【華東師範大学（上海市）】
胡季静～最高の教科書～

単語や文法だけの勉強は魂のない勉強です。相手の国の歴史、文化、社会などの状況を理解しなければ、本当の交流ができません。【日本】を通じて、歴史や伝統など日本の昔のことも、現在の最新情報も得ることができました。日本に対する興味をそそられながら最新語彙の勉強もできます。いままで出合った最高の教科書です。

黄怡梅～俳句やイラストが楽しい～

【日本】は、「この一冊で日本が分かる」。「政治」や「歴史」はちょっと難しいが、「四章」の自然の部分は本当におもしろい。月の順に、その月の植物や特有の現象や祭りなどの詳しい紹介があり、一つの項目に俳句やイラストがあり、楽しい。

【西南交通大学（四川省成都市）】
呂　萌～読者思いの教材～

【日本】は、ほかの教材と違ってとても新しいイメージを感じさせる。内容があっての組み立てが素晴らしい。ポイントによって、細かく分けて解説しているのが優れていると思う。とても読みやすいし、難しい内容でも飽きない。読者思いの教材だ。『四章・自然』の季語と俳句は、とても独特で日本の自然がよく分かる。そして、日本の伝統文化についても勉強できる素晴らしい教材だ。

鮮麗娜～勇敢な「一寸法師」～

【日本】で、東日本大震災からの復興ぶりを知ることができた。大きな被害を受けた日本人は積極的に復旧・復興に取り組んだ。何も恐れずに立ち向かう勇敢さは、古くから日本人の心に強く根を下ろしてきたのだろう。指先ほどの男が『「碗」を船に、「箸」を櫂に、「針」を刀に』、鬼と闘う「昔話」・一寸法師、に表れている。

王吉彤～日本人の民族性～

「東日本大震災」のことを読んで、集団意識、たゆまず頑張りぬいていく信念と努力、明日への希望と自信こそ日本人の民族性だと、分かりました

三部　中国の大学（日本語科）から届いた「学生と教師の『声』」

【遼寧師範大学（遼寧省大連市）】

解明霞〜中国と日本の友好が長く〜

　私は仕事をして七年後の去年、大学院生の試験を受けるため、再び勉強し始めました。【日本】を読んで、自分が日本語だけではなく、日本の文化、社会などもっと勉強しなければならないことが多い、と痛感しました。

張暁晴〜多くの分野の知識〜

　「最新版【日本】」は、一冊の中に日本の自然、歴史、文化、文学など多くの分野に関する知識が含まれています。内容は幅広くて、文章が読みやすく、理解しやすいです。便利で、とても勉強になります。

【南開大学（天津市）】

汪　婷〜心から感謝〜

　一昨年、2004 年版の「【日本】（上、下）を拝見いたしました。大森先生と奥様のおかげで、今度は、「最新版【日本】」で、新しい日本の文化・政治・経済・文学などの各方面の知識を身に付けることができます。心から感謝いたします。

濮雯婷〜大切なことがいっぱい〜

　【日本】には、日本を理解する上で大切なことがいっぱい書いてあります。よく勉強して、私の力は小さいですが、ご夫妻のように、力のかぎりを尽くして、中日の深い理解に貢献したいと思います。

【天津財経大学（天津市）】

覃黎君〜『季語』が大好き〜

　幅広い知識を身につけることができます。私は『季語』が大好きです。日本の一年は、季節の移り変わりに独特な趣があって、日本人ならでは季節感溢れる季語が生まれました。「古池や蛙飛び込む水の音」、「故郷やどちらをみても山笑う」という俳句を読んだら、日本の多彩な表情と人々の豊かな暮らし、繊細な心情を感じます。自然と季節が生活に溶け込んで、自然の美しさが感じられます。

熊　瑾〜「感謝の気持ち」がいっぱい〜

　学校では文学や歴史などが多いですから、日本人の考え方と行動様式はなかなか理解できないです。【日本】が「現在の日本」と「日本人の心情」を紹介していただいたのが一番いいことと思います。大森さんご夫妻が、日本語を勉強している中国人の学生のために長い間活動を続けていることに、「感謝の気持ち」がいっぱいです。

109

- - - - - - - - - - - - - - - -

【東北電力大学（吉林省吉林市）】〜日本の本当の姿を理解〜

（朴正龍先生から送られてきた「日本語科の教師と学生」全体の意見と感想）

【日本】を読んで日本の多くの分野に関する知識が豊かになりました。日本の社会や文化の本当の姿、人の考え方などを理解したのは初めてです。以前、日本の事情に興味を持っていたが、詳しい内容が分かりませんでした。【日本】は、日本の政治、経済、自然、文学文化、和食などを全面的に述べています。多様な日本の姿がみんなの前にはっきりと表われました。総じて、内容が豊富で、形式が斬新です。その上、更に日本の理解を深めることができ、本当にいい教材です。

《中国の日本語教師》

曲暁燕（山東師範大学。山東省済南市）〜荒波を鎮める力〜

「最新版【日本】」を手にした学生たちは眼を輝かしていた。「日本語を習ってから、日本についての認識がだんだん変わった」、「日本人の先生の働きぶりを見て、日本人はいかに真面目か分かった」、「日本に学ぶべきことがたくさんあると気づいた」。そういった学生の声を聴いて、日本語教師になってよかったとつくづく感じた。中日関係は大きく揺れましたが、大森先生ご夫妻の『日本語作文コンクール』や「最新版【日本】」の寄贈など活動によって相互理解が増進し、日中間の荒波を鎮める力になります。日本語教師になって十年目。日本語教育という仕事のやりがいを実感している。学生の成長ぶり及び活躍ぶりを見るのが喜びだ。初めての授業で学生に日本も日本語も大嫌いだと言われ、新米教師の私は戸惑った。しかし、教えているうちに日本語教師は日本語だけを教えるのではなく、異文化理解も授業に取り入れなければならない、と分かった。客観的かつ冷静に日本文化・社会及び中日関係を観察する目を養ってもらいたい。当時、「日本が大嫌いだ」と言った教え子が東北大学に進学し、「将来日本のコンビニの理念を中国に導入したい」という報告をもらった時は、日本語教師として嬉しい気持ちでいっぱいになった。

耿鉄珍（哈尓濱工業大学。黒龍江省哈尓濱市）
〜「日本語」の背後にあるものがわかる〜

「最新版・日本語教材【日本】」はとても素晴らしい教材です。日本の歴史、自然、伝統文化、日本人の行動の様式などは、日本人の本当の姿を理解することができます。特に「日本語」の背後にある日本人のものの考え方がわかります。大森先生と奥様は、本当に中日友好交流のために献身的に力を尽くされました。先生と奥様を手本にしており、中日友好交流のために自分の能力を生かす日本語教壇に立って、教え続けようと思います。

二章
『日本語作文コンクール』の作文

～入賞作文・スピーチから抜粋～（敬称略）

【1】第一回・中国の大学生、院生『日本語作文コンクール』

1993年　応募総数・約450編
テーマ＝「二十一世紀の日本と中国の役割」

仲の良い兄弟姉妹のように以心伝心で

高　媛（吉林大学・吉林省長春市）　＜一等賞＞

　僕はユウユウだ。東京の上野動物園に住むパンダの家族の一員だ。人間がわが家族に名付けてくれたこの「友好のシンボル」というのは一体何だろう。僕たちはただ大自然の中で人間と同じように生きている一動物にすぎない。僕たちの社会では、友好とか、親善とかはみんな口で言い合うものではない。友好しようという気持ちさえあれば、口に出さなくても、表情や行動などで心を伝えることが出来る。その点が人間とは違うのだね。

　わが家族が中日友好のシンボルになって早くも二十年の歳月が経った今、中日友好の道がまだまだ遠いものだとつくづく感じさせられた。人間性というのは、国境や民族などを超える人間の基本的な感情だから、人間性を豊かにするには真の理解や文化の交流などいわゆる「草の根の交流」がどうしても必要なのだ。中日両国はお互いに偏見や誤解をきれいに捨てて、もっと包容し合い、理解し合い、手を携えて、一緒に人間性豊かな二十一世紀を目指すように頑張っていったらと僕は心から願っている。二十一世紀の中国と日本が仲の良い兄弟姉妹のように以心伝心で交流できるようになれば、もうシンボルというようなものも要らない。僕もその時ひさしぶりに四川省の山に帰って、思いきりコロコロ転がったり、楽しい夢を見たり、静かな老後生活が送られるだろう。楽しみだ！

永久の敵はいない

丘飛迅（河南師範大学・河南省新郷市）

　二千年来の友好往来、近代における恐ろしい戦争、国交正常化以来の活発な

交流。中日両国は、友好─対立─友好という道をたどってきた。巨大な災難を
もたらしたあの恐ろしい戦争を経て、お互いに対立する長くて暗い時代を経た
両国は、もう二度とああいう戦争、ああいう時代を経験したくない。私たちは
大きな代償を払って、対立することは双方に損ばかりもたらし、協力すること
は両国の発展になると悟ったからだ。

　中国と日本は国を発展させ、人民生活を豊かにするという共通の利益のため
に近寄り、協力し、平和、友好の道を歩んでいくのは二十一世紀の中日関係の
主流である。だが、両国は自国の利益のために多少摩擦を起こすこともある。
その時も、共同の利益を重んじて、相互に譲歩して、摩擦をすばやく解消し、
両国はいつまでも平和と友好であることを願っている。「永久の敵はいないが、
永久の友達がいる」と私は信じている。

◆　　◆　　◆

【2】第二回・中国の大学生、院生『日本語作文コンクール』
1994 年　応募総数・281 編
テーマ＝「私にとっての日本」

両国の間に真の理解と友好を

陳　　紅（雲南大学・雲南省昆明市）

　私が日本語の専攻だと言うと、よく「なぜあなたは英語の勉強を続けないで、
わざわざ日本語を選んだのか」と聞かれる。初めのうち、私は「自分で選んだ
のではない、日本語のほうで私を選んだのだ」などと答えていた。

　私はあの戦争のせいで、日本及び日本人に深い偏見を持っていた。日本人は
みな悪くて、嫌われて当然だと思った。そして、大学入試で、日本語の志願は
最後にまわした。しかし、やはり日本と縁があったのか、私は日本語を専攻す
ることになった。一年たって、クラス全体の日本語が上達し、私も日本語が分
かるようになり、日本人に対する偏見を改めるようになった。

　日本が経済的に繁栄しているのは日本人の勤勉な精神、責任感の強さからだ
と思った。いやいや選んだ日本語も、今では逆に好きになり、一生懸命に勉強
し始めた。中国へ旅行や留学などに来る日本人に中国を紹介して、両国の間に
真の理解と友好を育てたいと思っている。

　日本の若者の中にも、中国に対して偏見を持っている人が少なくない。青年
同士の交流を通して、互いの偏見や誤解をきれいに捨てて、さらに理解を深め
二千年あまりの友好の歴史を持つ中日関係がもっと深くなるよう期待している。

【3】第三回・中国の大学生、院生『日本語作文コンクール』
1995年　応募総数・514編
テーマ＝「戦後50年。日本に望むこと」

中国人民の痛みを理解して欲しい

朴明玉（遼寧師範大学・遼寧省大連市）

　戦後五十年の今日に至るまでには日本は指導者たちの努力、特に日本国民一人一人の血と汗による目覚しい努力がありました。そして、両国の友好が回復してからは中国に絶え間なく経済援助を与えたり、友好代表団を派遣して姉妹都市を結成するなど友好交流のために力を入れてきました。そのことを中国人民は本当に有難く思っています。確かに日本国民の思いやり深さ、また先進的な経営技術に私たちは脱帽しています。しかし、その反面、何か建て前と本音の間にずれのようなものが見られるのも否定できません。かつての戦争がアジアへの侵略・中国への侵略であったことをまだはっきりと認めない人も少なくない。中国と日本は平和条約のもとで親しい隣国関係を取り戻していますが、それはまだ表面的であるに過ぎない。

　日本がこれからの国際社会に貢献するためには自分たちの受けた戦争の悲惨さを語り継ぐだけでなく、他国に及ぼした害を語り継がなければいけないと思います。日本にも「わが身をつねって人の痛さを知れ」という言葉があるそうです。一人一人が自分の痛みによって他人の痛みを理解してあげたら、いろいろな不愉快なことはなくなるでしょう。日本が中国と真の共存関係をもつためには、まず中国人民の痛みを理解して欲しいです

原爆の原点をさぐると・・・

張子 春（青島大学・山東省青島市）

　考えてみると、無差別に原爆で数多くの一般市民を虐殺したことは許せない犯罪だったが、原爆の原点をさぐると、日本国民の被った被害は、戦争の苦痛を私のいる中国および東南アジア諸国の人々に押しつけたことと切っても切れない関係がある。日本もアジア各国も同じ戦争被害者とも言えるが、日本が戦争被害を受けたのは、他国に被害を与えた直接的結果で、それゆえ、二つの原因は本質的な区別があると思う。

　原子爆弾の恐ろしさを日本国民にも、より多くの外国人にも知らせる必要が絶対にあると思う。しかし、かつて加害者としてやったことや、被害者と加害者とのつながりについても、深く認識してほしい

【4】第四回・中国の大学生、院生『日本語作文コンクール』
1996年　応募総数・861編
テーマ＝「日本語と私」

未来に向けて仲良く

鄭安泰（西北大学・陝西省西安市）

「日本人は怖い」。小さい時抗日戦争を描いた映画をよく見た私の日本人の印象だった。映画の中に登場する日本兵は、何かと言えば、「バカヤロー」と怒鳴り、中国人を殴る。日本人に敵意を持った私はまさか将来日本語を勉強するとは思いもしなかった。教育熱心な父は、隣の村に無料で日本語を教えている王先生という人がいることを知って、私に日本語を学ばせることにした。しかし、私はあまり日本語を勉強する気がしなかったので、王先生と初めて会った時、この気持ちを正直に伝えた。先生はびっくりした様子で、私をじっと見つめながら、こう言った。「鄭君、あの戦争からもう既に何十年も経ったよ。時代が変わったんだから、これからは日本語を勉強すれば、将来必ず役に立つよ」。

ところが、戦争中、日本軍によって負傷した祖父は私が日本語を勉強していることを聞いて、激しく怒った。このことを知った王先生は祖父にこう言って説得してくれた。「お気持ちは十分分かります。私もかつて抗日戦争で負傷しました。文化大革命の時には、戦争中に日本軍の通訳をしていたという理由で日本の手先として批判されました。私が日本語を教えるのは若い人達に日本語学習を通して、今日の日本と日本人を理解してもらい、戦争によって生まれた悪い影響をなくし、未来に向けてお互いに仲良く生活していくという夢を実現するためなんです」。この時、私は心の中で「日本語をしっかり勉強して、自分自身の目で日本を見、日本人と付き合い、いつの日か必ず先生の夢を実現しよう」と決心した。

言葉は交流の道具

石沢毅（北京外国語大学・北京市）

英語はあまり好きでなかったためか、私は南京外国語学校に入った時、日本語を選んだ。言葉は交流の道具だと言われている。私は日本語で中国のこと、昔の戦争のこと、今の経済発展のこと、また将来はどんな国になりたいかということを全部日本人に伝えたい。と同時に、私も日本語で日本のこと、日本人はどのように戦争を反省するか、どのように平和を築き上げるかということを知りたい。日本人はきっときっとうまく答えられると信じる。

三部　中国の大学（日本語科）から届いた「学生と教師の『声』」

【5】第五回・中国の大学生、院生『日本語作文コンクール』
1997 年　応募総数・736 編
テーマ＝「日本の政府・企業に望むこと」

「教師」は「ろうそく』

王　暁（北京第二外国語学院大学院・北京市）　＜一等賞＞

　中国では、「教師」を「ろうそく」になぞらえている。「ろうそく」は、「自分を燃やして他人に光明を与えている」からだ。今、わが国の中学、高校で日本語を教えている教師たちは困難に満ちている。参考書も皆無に近いし、新しい資料も手に入らない。日本へ行くチャンスなどは勿論ない。私は大学を卒業し、大学院に入るまで二年間、中学、高校向けの教科書編纂の仕事をしていた時、東北地方にある農村の中学校へ見学に行った。ぼろぼろに傷んだ校舎の教室で生徒たちは一生懸命日本語を勉強していた。「なぜ日本語を勉強していますか」と質問したら、「中日友好のために」という答えが返ってきた。

　日本語担当の女の先生は、中国のある短大を卒業したばかり。経済的に魅力のある仕事がたくさんあるのに、それを断り、生まれ故郷に戻って、日本語教師として教鞭をとることにしたという。私たちが北京から持って行った国際交流研究所から贈って頂いた「**季刊誌『日本』**」を渡した時、その若い女の先生は目を潤ませて喜んでくれた。資金不足で、その学校の図書館には日本に関する本も、日本語の文法書もない。「**季刊誌『日本』**」のような日本を知る上で大変役に立つ小冊子をもらったのは本当にありがたいことだったのだ。私は堪えきれないほどの感動を覚えた。

　彼女のような情熱的な教師がいてこそ初めて、わが国の中等教育における日本語教育もいろいろな困難を乗り越えて発展できるのだ。日本の方々にも彼らに対する理解と協力を求めたい。日本の協力と中国の日本語教師の努力が継続的になされてこそ、日本語教育の充実につながり、両国の友好、ひいては日本理解を深める道を切り開いていくものと信じている。

【6】第六回・中国の大学生、院生『日本語作文コンクール』

1998年　応募総数・933編
テーマ＝「日中友好を深めるには、どうすれば良いか」

日本語を勉強しなかったら、一生、日本を恨んで・・

李錦成（遼寧師範大学・大連市）

　私の日本に対する考えは、日本人の先生、中国の日本語の先生、それから多くの知らない日本人のおかげで変わったのである。私の祖父も日本軍に殺されたので、もし日本語を勉強しなかったら、もし、日中友好のためにこんなに力を捧げている人たちがいなかったら、私は一生、日本を恨んで、日本を正しく理解できなかったかもしれない。日中友好を深めるため、日本と中国の国民に客観的で、正確な情報を紹介すべきである。両国は悪い面をできるだけ避けて、いい面を見ることも大事だ。正確な宣伝と教育が一番大事だと思う。

平和を築く一つのレンガになって・・・

王　釩（北京外国語大学・北京市）

　私が幼い頃おじいちゃんとおばあちゃんはよく、日中戦争の話をしてくれた。中学生になった時、私は初めて南京大虐殺記念館を見学した。「昔の中国と日本の間には、こんな悲しい出来事があったのか」と初めて認識できた。記念館の中には、亡くなった人々の遺骨や、記念写真や、資料が沢山納められ、建物の周りに虐殺を象徴するレリーフが刻まれていた。私は心がひどく痛んだ。「私は絶対に日本人を許さない！」と心の中でつぶやいていた。

　しかし、一人の中国人として、あの戦争について、いつの間に考えさせられていた。過去のことばかり考えて恨めしく一生を過ごすか、それとも、過去を振り返らず進んでいくのか。歴史を振り返りながら、前向きに進んでいく。そのために、私たちは何かをしなければならない」と強く感じた。

　一人一人の中国人と日本人は、レンガのように、協力して積み重なっていけば、平和が築き上げられる。私も一つのレンガとなって、平和を祈り続けたいと思う。

人間対人間の交わり

李文余（哈尔濱工業大学・黒龍江省哈尔濱市）

　私はロシアとの国境に近い黒龍江省北部の町、海倫市の出身である。中日戦争中は関東軍の駐屯地の一つだった。町の人たちは多かれ少なかれ日本人に怨

念を持っている。子供の頃、祖母はよく戦争の時のことや殺された祖父の弟のことを話した。そして、困惑した私の顔を見てこう話した。

「文余！過去の怨念は過去のものだ。いつまでもそれにこだわっていたら、憎しみがいつまでも続いて、また戦争になるかもしれない。戦争で被害を受けるのはいつも国民だ。本当の平和条約を実現するためには、私たちにもするべきことがあるのじゃないか。相手を許すことだよ。いつまでも恨みに思うべきではないよ」。

私は大学に入る時、日本語専攻を選んだ。私たち市民は人間対人間の交わりができるはずだ。「世々代々友好的に付き合っていこう」という気持ちで、中日両国民がはっきりした目標を持って、永遠に戦争を終わらせ、二十一世紀に目を向けて努力すること、それが私たち若者の責任だと思う。

◆　　◆　　◆

【7】第七回・中国の大学生、院生『日本語作文コンクール』

1999 年　応募総数・1,203 編
テーマ＝「近未来の日本と中国について」

中国人は「日本人」という単語に敏感

郜　楓（西安外国語学院・陝西省西安市）　＜一等賞＞

先日、久しぶりに中学生時代の友達に道端で会った。「今、何を勉強してる？」と聞かれて、「日本語だよ」と答えたら、すぐ眉をしかめて、「へぇ、日本語か、失礼ですが、実は僕、日本人があんまり好きじゃないよ」と何か怒りそうな口調で言われた。なぜ、中日戦争から何十年も経ったのに、恨みを持っている中国人がまだまだ多いのか？ある調査によると、中国の若者の約 80％は日本が「嫌いだ」と答えたという。

中国人は「日本人」という単語に敏感だ。多くの中国人の心に、50 年、60年年前の日本人の印象が強く残っている。その外、南京大虐殺を否定することや、靖国神社を参拝することなど、中日平和友好条約の締結からもう 20 年過ぎたけれど、さらに溝が出てきたりするくらいだ。

実は、私にとっても、日本人に対するイメージは普通の中国人と違いがなかった。しかし、日本語の勉強を通して、日本人と交流して、日本人は、すでに「ばかやろう」だけを言ういわゆる「鬼子」ではなくなった、と分かってきた。しかし、12 億の中国人の中に私のような日本語を勉強したり、日本人と付き合ったりすることができる人はほんの一部分だ。だから、日本語を勉強している中国の学生は、日本語で日本人との交流を広げることが必要なのだ。若者は頑張っていこう！

【8】第八回・中国の大学生、院生『日本語作文コンクール』

（「第一回・中国、韓国、台湾の大学生『日本語作文コンクール』」として実施）

2000年　応募総数・（中国の大学から）1,439編

テーマ＝「二十一世紀を迎える日本へのメッセージ」

相手の身になって、平和友好の種を！

劉愛君（遼寧師範大学大学院・遼寧省大連市）　＜最優秀賞＞

　中日両国に限らず、世界の国々の友好と人間相互理解を深める上で決定的に重要なことは、「相手の身になって考える」という心です。まず必要なのは「相手のことを知る」ことであり、第一歩は、人と人との交流です。私は日本人の先生と接触し、日本に短期滞在した経験もあります。その一つ一つの場面から受けた感銘はいつまでも私の心に焼き付いて離れません。その時々の熱い気持ちを思い出すたびに心がいっぱいになり、中日友好のためにもっと頑張らなければ、という励みにもなります。このような草の根の交流、共に生き、共に喜んだり哀しんだりする人間的触れ合いこそ「相手のことを知る」、「相手の身になって考える」前提です。

　そして、不可欠なのは教育です。人間は受けた教育、育った環境などが違うため、同じ物事についても違う角度から見てしまいます。そこから生じる食い違いを少なくするために、「相手の身」になって、お互いの国の歴史、文化、心情、価値観、風俗習慣などを両国の人々、特に若者に対して正しく伝える必要があります。何年、何十年、何世紀かかろうとも、人づくりの教育が心の相互理解につながります。平和友好の種を一人でも多くの人の心に蒔くことができたら中日友好の輝かしい未来がアジアと世界に平和の花を咲かせることでしょう。

私たち若者の努力次第

李　莉（北京第二外国語学院大学院・北京市）　＜優秀賞＞

　中日の間にある悲しい歴史を書き直すことはできないが、これからの中日関係がどうなるかは私たち若者の努力次第である。戦争によってできた心の隔たりを取り除いて、お互いに裸の真実を伝え、素直な気持ちで歴史上の、現在のいろいろな問題を直視し、それをひとつずつ解決していくことができたら、中日両国の間に、本当の友好のすばらしい未来が築かれると私は信じている。

【9】第九回・中国の大学生、院生『日本語作文コンクール』

2001 年　応募総数・1,626 編
テーマ＝「私と日本」

「中日友好の使者」になりたい！

陶　金（遼寧師範大学・遼寧省大連市）＜一等賞＞

　「陶さんは英語を六年間勉強したんでしょう。一体なぜ日本語を勉強するの」。大学に入ってから、私は時々こんな質問をされます。「お爺さんの夢だったの。私もお爺さんと同じように中日友好の夢を実現させたいの」と私はいつも答えます。祖父は「歴史を忘れてはいけないけど、日本と中国は一衣帯水の間にある隣の国だから、中日友好関係を築かなければならない」と、奔走しました。家族は反対していましたが、祖父は「中国人に災難を与えたのは日本の普通の国民ではなくて、日本軍だ。中日友好は両国民にとってプラスの面がとても大きい」と話しました。

　1972 年、中日両国は国交関係を回復しました。私は祖父の顔を見たことがありません。祖母から祖父のことを聞いた時、私は祖父の夢を発展させるために、大学に入ってから日本語を選びました。今、私は日本語を一生懸命に勉強して、中日友好の使者になりたいという夢を持っています。

　祖父の夢を深く理解出来るようになりました。中日両国の歴史は、中日友好に対して障害になることではありません。友好関係を前へ前へと進める風になるべきです。日本政府は過去の歴史を直視し、歴史の真実を国民に教育していただきたいと願っています。祖父の言ったように、日本の軍国主義者と日本の国民とは違います。中国人として、日本軍の罪業と南京三十万同胞の血涙は決して忘れませんが、多くの日本人が中日友好のために頑張っていることも知らなければならないと思います。

暗い歴史を乗り越えて

呂海善（北京郵電大学・北京市）

　中国と日本は歴史上汚点を残してしまったが、中国を背負う若者は、いつまでも反日感情を持ち続けてはならない。中国の発展になされている日本からの援助は日本の国民の税金だ。現在日本で働き、税金を納めている人々は中国と中国人に対して、何一つ悪いことをしたことのない人々だ。私は中国人の一人として日本と日本人に感謝を捧げなければならない。私たち若者は世界の平和と発展を願う国際社会の一員として大切な役割を担っている。国際社会で重要

な国である中国と日本がこの暗い歴史を乗り越えて、世界の人々に友好協力の証となるように願っている。

"かけがいのない存在"

李暁燕（大連外国語学院大学院・遼寧省大連市）

　青島大学に入って間もなく、偶然に「季刊誌『日本』」という雑誌を読んだ。やや古い教科書を使っている私は、現代の日本の情報にあまり接触できないことに不満だった。『日本』は、日本の現在の姿を伝えてくれる本だと思った。辞書を調べながら、少しずつ言葉を覚えていくうちに、日本という国は遥か遠くに存在するのではなく身近にあると気がついた。「季刊誌『日本』」と、その後の「**日本語教材【日本】**」、そして、『日本語作文コンクール』で、私たち中国人の大学生は、生きた日本語、知識、機会、刺激、励まし、楽しみ、また自信や成長など、たくさん頂きました。大森先生ご夫妻は、長期間、中日友好に力を尽くして下さった、"かけがいのない存在"だと思います。

　長い間、教材の寄贈や「日本語作文コンクール」の開催など、中日友好の種をまいてきた国際交流研究所の活動は、個人の努力と資金で行われてきた。日本語を勉強している中国の人々の心の底には、国際交流研究所のことが深く刻み込まれ、血管にもしみ込んでいる。どんどん中国に進出して中国の安い労働力と資源を利用している日本企業は、このままで中日友好を口先で平気で言えるのだろうか。日本で中日友好を唱えている人達にお願いしたい。二十一世紀の中日友好の大黒柱になる中国の学生達の期待に背かないでほしい。

戦争は共通の敵

袁　勇（北京外国語大学・北京市）

　僕の生まれた町は、日本に対する抵抗が根強く残っている南京である。幼い頃、日本へのイメージは年寄りから聞いたものばかりであった。日本人は人殺しをゲームのようにし、数え切れないほどの人々の命を奪った鬼である。日本人を絶対許せないと、それまで憎み続けてた僕は、しかい、実際に日本人とつき会うようになってから、変わりつつあった。

　同じく戦争の被害者である両国国民にとって、戦争は共通の敵であるはずだ。偏狭なナショナリズムから脱出して、共通の課題として考えていくべきである。それが未来に対して責任を持つことであろう。国境や民族の枠を越えて、いかにして信頼関係を築き、戦争を根絶し、恒久的平和を作るかという課題に取り組んでいかなければならない。これこそ、私たちの未来における責任である。

【10】第十回・中国の大学生、院生『日本語作文コンクール』
2002年　応募総数・2,017編
テーマ＝「日本と中国の将来」

過去の不愉快な歴史があるからこそ

陶　金（遼寧師範大学・遼寧省大連市）　＜一等賞＞

　日本語専攻の学生としての私は、中日両国の過去の不愉快な歴史や日本政府の歴史に対する曖昧な態度などのことについて、心を痛めたこともあります。でも、中日両国民が過去の戦争から受けた傷、現在の相互理解や深い交流への切望、将来への世界平和と中日友好の願いなど、同じです。過去の不愉快な歴史があるからこそ、今日の平和と友好を大切にすることができます。中日両国の暗い過去を乗り越えて、真の相互理解と平和友好の明日を迎えられるかどうかは、今日の我々若者がどのように努力するか否かによるものと私は思います。

【11】第十一回・中国の大学生、院生『日本語作文コンクール』
2001年　応募総数・1,626編
テーマ＝「私と日本」

「平和」という二文字の重さ

趙　嵐（北京第二外国語学院大学院・北京市）　＜一等賞＞

　長い戦争を凌ぎ切って、力強い発展を遂げ、生活に多少ゆとりを持てるようになった中国人は「平和」という二文字の重さを人一倍知っている。また、不幸な時代があったにせよ、戦後、目覚しいスピードで経済の巨人として世界の表舞台に復興した日本に、多くを学ぶべきだという認識も中国人には強い。私はこのような中国人の意識を土台として五年前、日本語専攻のスタートを切った。

　中日両国の人々が素直にお互いに心を打ち明け合えば、どんな壁でも、言葉の壁でも、心の壁でもきっと取り壊すことができると信じている。中日両国の人々が皆、私たちの周りにある人々の感動、信頼、友情を感じ取れば、互いに信頼を寄せ、手を組んで、友好の愛の輪を広げることが出来る。

【12】第十二回・中国の大学生、院生『日本語作文コンクール』

2004 年　応募総数・3,360 編
テーマ＝「日本語学習と私」

日本に不満ばかりだったが・・・

袁俊英（河南大学・河南省開封市）　＜一等賞＞

　日本語を勉強する前は、私も日本に不満ばかり持っていた。中日戦争についてのドラマから、日本軍人の残忍さが酷く心に残ったし、日本の首相が靖国神社へよく参拝することや歴史教科書問題などで日本人の頑固さに怒った。しかし、日本は戦後驚く程の速さで発展した。私はこのことに強く興味を持ち、更に日本を知りたいと思うようになり、日本語を専門に選んだ。日本語の勉強を始めてから、日本の文化や歴史、習慣など少しずつ触れるにつれて、日本や日本人に対する見方が次第に変わってきた。日本人留学生の友達から日本人の親切さや親しみを直接感じることができた。これからは、日本語を勉強すると同時に、私の周りの人に自分の経験したことを、微力ながら、伝えていこうと思う。

「戦争」は歴史の一％

徐洪国（山東大学威海分校、山東省威海市）

　小さい頃、テレビドラマや映画から、日本人は人殺ししか知らない殺人鬼だと思っていた。しかし、大学に入って日本語を学習するにつれて、私の日本観が段々変わってきた。付き合った日本人はみんな優しくて真面目な人だ。日本人は世界のほかの民族と同じように、平和を愛する人たちだということも知った。また、世界の経済大国として、日本は毎年中国を含むアジア諸国の発展のために巨額の援助資金を提供している。中日両国は海一つ隔てた一衣帯水の隣国で、二千年という長い友好交流の歴史を持っている。よく考えてみると、友好の時間は 99％を占め、戦争または対立の時間はその歴史の 1％にも満たない。中日関係を進めるには、歴史を鏡とし未来に目を向けて、お互いに偏見を捨てるべきだ。日本語科の大学生として、相互の人民友好の意志を伝える使者になりたい。

三部　中国の大学（日本語科）から届いた「学生と教師の『声』」

【13】第十三回・『日本語作文コンクール』

（第一回「中国の大学院生『日本語作文・スピーチ・討論コンテスト』」として実施）

2004 年　応募総数・3,360 編
テーマ＝「日本語学習と私」

　「日本語作文」で 50 人に絞り、その上位 20 人が、北京市の北京日本学研究中心で行なわれた「スピーチ・討論」の最終審査に出場。

　以下は、「スピーチ（4 分間）」の抜粋。

日本の首相が南京大虐殺記念館へ

徐　蓓（北京大学大学院・北京市）＜一等賞＞

　十年後、私の夢の中で一つのテレビ報道を見ました。今から、夢の中のアナウンサーの真似をします。

・・・・・

　今日は 2016 年 10 月 21 日です。ただいま『第十一回大学院生スピーチ・討論コンテストが北京外国語大学で行なわれています。会場にはもう千人以上が集まりました。なんと、中国の主席と日本の総理大臣もいらっしゃっています

　先月 29 日、日本の首相が南京大虐殺紀念館を訪れました。心からのお詫びを聞いた中国の主席は「過去のことをもう忘れましょう」と言い、日本の首相は「いや、過去のことは歴史ですから、忘れることはできません」と言いました。中国の政府と人民がそのことばを心から受け止め、平和を象徴するハトを青空に放ちました。さらに、中国政府が 1972 年以来、日中友好の使者である中国の家宝—パンダを再び日本に贈りました。

　政府関係でなく、民間交流も盛んに行なわれるようになりました。中国で大相撲大会、日本で京劇コンテストが行なわれています。本日、2006 年からの『大学院生日本語スピーチ・討論コンテスト』の十一回目を迎えました。

　ただ今、会場から熱烈な拍手が聞こえてきました。

・・・・・

　以上は、私が夢で見た報道の内容です。これはうそではありません。何だ、夢じゃん！と思われるかもしれませんが、マルティン・ルター・キングさんが夢を持ったからこそ、黒人解放運動が成功したのです。夢はもう動き出しました。夢の続きは、私たちの手の中にあります。皆さん、手をつないで、夢の続きを一緒に作りましょう。ファイト！

123

◇　　　◇　　　◇　　　◇

☆　以下は、入賞者の「日本語作文」から

日本民族が好きになれない悩み

劉素桂（南京大学大学院・江蘇省南京市）

　私はもう八年間日本語を勉強している。私はだんだん日本の独特な文化に心を引かれて、すぐれた日本文学にも耽っている。日本人の留学生や会社員、日本人の先生にもいつも教わる。約束時間を守ることや、まじめな生活態度などは印象深い。しかし、私は日本が好きだとは言えない。

　いくら日本と日本人に親しみたくても、なかなか親しむことができない。中日の友好に役立つように頑張っても、中日関係がよくない時、無力感を味わう。両国の関係がなぜよくならないのか。今でも、中日戦争の歴史と現実の歴史認識を知っている私は日本民族が好きになれない。これが私の悩みだ。

「日本が好きだ」と言える日が来るように！

朱秀洪（重慶大学大学院・重慶市）

　日本語を専門とする中国人として、私の対日観は矛盾している。日本が中国を侵略した歴史を勉強し、お爺さんから日本軍人の残虐な行為を聞く度に、愛国心を持つ私は「日本が嫌いだ」と叫びます。しかし、日本語の勉強を始めて、日本の文化や歴史、習慣などに触れるにつれて、日本に対する私の考えや態度も変わってきた。心に植えついた日本に対する恨みは、日本のことを少しずつ知るにつれて、次第になくなっている。この矛盾した感情は、中日間の国家関係をそのまま映し出している。「日本が好きだ」と素直に、心から言える日が来るように、私たちも頑張ろう！

日本人の戦争に対する反省が不十分

周　迅（南開大学大学院・天津市）

　現在も中日関係はあまり良くない。靖国神社参拝の問題とか、歴史教科書の問題とか、中日交流を阻む大きな壁になっています。中国人の最も超えがたい心理上の壁は侵略戦争で心に残る大きな傷です。中華民族はとても寛容な民族です。日本人の戦争に対する反省がまだ不十分だということです。両国は文化的共通性があるために親近感を感じやすいですが、歴史問題が両国人民の関係に影を落としています。日本政府は歴史を直視し、中日友好交流を阻む大きな壁をなくしてほしい。

【14】第十四回・『日本語作文コンクール』

（第二回「中国の大学院生『日本語作文・スピーチ・討論コンテスト』」として実施）

2007年　応募総数・424編

スピーチのテーマ＝「日中両国にとって『新しい友好関係』とは？」

「スピーチ」の抜粋

（テーマ＝「日中両国にとって『新しい友好関係』とは？」）

小さな交流の輪を大きな輪に！

李　婷（大連海事大学大学院・遼寧省大連市）　＜一等賞＞

　中日関係はようやく多くの困難を乗り越え、お互いに冷静、且つ穏やかな新時代を迎えようとしています。利害の共通する分野で協力関係を進展させるのは勿論のこと、両国民の相互理解を深め、友好的感情の促進に努力しなければなりません。

　私自身、もし日本語を学ばなかったら、多くの日本の方々との交流がなかったら、日本の良さと日本人の友情を深く理解することなど到底出来なかったでしょう。それぞれ自分の身の回りで、日本人と中国人との触れ合いの場を沢山作り、交流の輪を少しずつ大きくしていくことです。初めは小さな一つ一つの輪に過ぎませんが、やがてそれが繋がり、だんだんと大きい輪に成長していけば、両国関係を新た友好関係へ発展すると思います。

【15】第十五回・『日本語作文コンクール』

〜中国の大学生、院生『1,000字・提言コンテスト』〜

2012年　応募総数・3,412編

テーマ＝「日中の絆を深めるには？」

農村地域の中日交流が大切

韓福艶（安陽師範学院・河南省安陽市）　＜一等賞＞

　2010年のあの6月、日本語科を選択した私は苦しかった。私は語学、とりわけ日本語が好きで、日本語科を専攻にしようと思いました。卒業したら、日本語と関係する仕事をして、微力であっても中日の友好に貢献しようと思っていました。しかし、家族は大変驚きました。父は「どうして日本語を選んだん

だ！ 英語でいいじゃないか。お前が日本語を勉強したら、他人はどう思うか。」
と怒って言いました。私にとって大変なことでしたが、私は日本語科を選びま
した。後悔はないです。

　中国の農村では、私のように日本語が好きな人がたくさんいます。しかし、
社会の偏見で、売国奴と言われるのを心配して、大学の専攻を選択する時に、
好きな日本語をやめるしかありません。これはとても残念なことです。交流計
画などの活動は、みんな都市を中心に行われます。農村地域には日本語を勉強
して日本をよく知りたい学生が少なくないです。しかし、日本語についての本
が少ないし、社会の偏見や地理的位置の悪さもあるし、日本語を身につける条
件が不十分です。多くの若者がいろんな困難を乗り越えて、好きな日本語の仕
事に就くという夢を持っています。近い将来、彼らは中国の農村と日本が交流
するための橋を架けることができるかもしれません。

　中日友好の「絆」には農村地域の中日友好が大切です。農村地域の若者が気
楽に日本語を勉強できるように、日本のご協力をお願いします。

一枚の日本国旗の絵

高　　潔（山西大学・山西省太原市）

　小学生の頃、美術の先生は外国の国旗を描くように課題を出した。そのころ、『ち
びまる子ちゃん』がとても流行していて、テレビの前に釘付けになった。「日本の
国旗が簡単でいい」と思って、描くことにした。しかし、次の日、学校で隣の席に座っ
ている女の子は「何で日本の国旗を描いたの？日本人になりたいの。日本人はとて
もひどい人だ」と大きな声で言った。「そんなのじゃないよ」と彼女に答え、その
絵をカバンにしまった。後で、学校で抗日戦争について詳しく勉強し、あの時のク
ラスメートの気持ちがだんだんわかるようになった。また戦争映画なんかを見て、
日本はちょっと怖いなと思った。確かに、戦争は中国に深い災難をもたらした。多
くの人にとって、その傷を癒すのに時間がかかるかもしれない。いつも苦しかった
時代を思い出して、今の平和な時代を大切にしなくてはならないと思う。

　最近、当時口げんかをした女の子に会った時に、一番驚いたのは彼女が今、
日本語を習っていることだった。彼女とある約束をした。——これから、日本
の人たちともっと交流して、日本文化についてもっと勉強しよう。そして、い
つか、彼女と一緒に日本へ行こう、と。別れる時に、私は彼女に子供の頃の口
げんかの話をして、二人は大笑いになった。

　日本国旗の絵はまだ家に保管してある。これからは、一枚の絵を見る度に、
彼女との口げんかではなく、約束したことを思い出そう！それが中日の「絆」
を深めることだと思う。

三部　中国の大学（日本語科）から届いた「学生と教師の『声』」

民間交流こそ「絆」のカギ

黄　茹（中山大学・広東省広州市）

　日中の「絆」を深めるカギは、両国民の一人ひとりの自主的な民間交流だと思う。知ることは愛することの始まりだ。相手国の人と近くで交流して初めて相手国の文化に興味を覚え、好意を持ち、相手国のことをもっと知りたいと思うようになる。

　一方、両国民はマスコミに影響されやすい。マスコミは両国民が相手国を正しく認識する上で重要だが、実際には、相手国の悪い面だけを取り上げたり、わざと相手国の出来事をねじ曲げたりする報道もある。

　だからこそ、民間交流が一層大切になると思う。相手国へ旅行に行き、その国の人々と交流することで、誤解が解け、真実の姿を知り、それまでの悪いイメージが変わったという経験をした人は少なくない。マスコミに頼り過ぎず、民間交流で身を以て感じ、進んでお互いを理解しようではないか。

　両国民の一人ひとりが心から相手国を認めれば、政府が「日中友好」を唱えなくても、日中の「絆」は着実に深まっていくと信じている。民間交流を通して、日中両国が、現実面も、感情の面でも、互いに掛替えのない存在となることを心から祈っている。

五輪の中日共同開催を！

易　鵬（東北大学・遼寧省瀋陽市）

　私は、五輪やワールドカップのような大型国際スポーツ大会の日中共同開催を提言したい。日中国交正常化とともに、両国は経済交流を中心に政治分野でも関係が良くなってきたが、互いのことを知らなかったり、嫌いだと思ったりすることがある。時には危うくなりかける関係を修復し、「絆」をさらに深めるのに、一般国民も参加できる大型国際スポーツ大会を開催するのがいいと思う。両国の民衆が共に汗を流し、苦難を克服することで、喜びや感動を分かち合えるからだ。この分かち合いこそが、「絆」を深める最善の策だと思う。

　日中国交正常化40周年の2012年に両国が共同開催の五輪招致運動準備を始めましょう。2032年、即ち日中国交60周年に実現できたら、永遠に両国友好の象徴となります。

　日中はけんかもできる真の恋人だ。20年の開催準備時間は長いかもしれないが、恋人の恋愛期間だと考えればよい。恋愛マラソンを完走した後で、全世界が見守る中で最高の結婚式を挙げられるだろう。このような雰囲気の中で、日中の「絆」が深まるのは当然のことである。

【16】第十六回・『日本語作文コンクール』
〜「最新版と改訂版・日本語教材【日本】」の感想文コンテスト〜
2014 年　応募総数・3,023 編

※「感想文コンテスト」の一，二、三等賞の各一編の全文を、《「三部」一章【六】の『日本語教材』の感想＝最新版と改訂版・「日本語教材【日本】」と【七】「日本語教材【新日本概況】」に掲載。

以下は、そのほかの作文から。

魅力的な「時空旅行」を経験

朴美虹（南京大学・江蘇省南京市）

　今回、私は、魅力的な「時空旅行」を経験した。時間は約二万年前から今まで、場所は日本である。日本は本当に魅力のある国だと思う。日本語の勉強をしながら、日本について少しだけは知っていると思っていた。そして、この度、「日本語教材【日本】」という本に沿って「旅行」しながら、日本が一層近いものになった気がする。

　この本を読んだ自分の考えを、『美しさ』と『鮮やかさ』という二つの単語で表したい。まず、日本が美しい国だと思うのは、例えば、四季の美しさがある。日本の春を代表するのは桜、夏のひまわり、秋の紅葉狩り、冬の「梅に鶯」などだ。そして、花見、月見、ねぶた祭、札幌雪まつり、など。自然の物そのままもきれいだが、自然の中にある花や草木の美しさを再発見して、その深い美を追求する「華道（生け花）」などの伝統芸術や醜く、残酷な場面でも、美化して表し、どんな時も美意識を忘れない「歌舞伎」などの伝統芸能は、どれも『美しい』。

　「鮮やかさ」を一番感じるのは、「一汁三菜」を基本とした伝統的な和食だ。味と色の「鮮やかな」個性が、日本を象徴していると思う。

　【日本】は、政治、経済、歴史から文化、文学、日本人の行動様式まで、全方面の日本を紹介している。簡単に「日本と日本人」に接触できる。日本語を勉強する外国人にとても役立つ本だ。

「俳句」を通して、日本の四季が目の前に

陳雨情（寧波大学・浙江省寧波市）

　私は日本へ行ったことがない。何回も何回もネットで日本の写真や絵を飽きずに見続け、日本の四季を心で想像するしかない。手を伸ばしても、真実の日

本の自然には触れることができない。ただ夢のなかで、日本の土地を想像するだけだ。

今回、「日本語教材【日本】」を頂くことができ、『四章・自然』（四季＝季語と年中行事）を読んだ。夢で見た日本の四季が、そこに書いてある「俳句」を通して、一幕一幕、目の前に浮かんできた。

春は花の季節だ。「ひなまつり」の項にある俳句「桃ありてますます白し雛の　　顔」（炭太祇）のように、桃の色、雛の顔色、そして私の容貌、どれも赤みのある白い肌、夢見る乙女の肌のようだ。

また、日本のシンボルとなっている桜の花、花見をしている人々、それはどれほどロマン的なシーズンだろう。私は昨年、キャンパスの桜を見て俳句を作った。「港よ日は照りながら　庭桜」。その桜はここ一年のＰＭ2.5に耐えて、今年も美しく満開するだろうか。日本の至る所で桜が元気に咲き誇るのは、おいしい空気をいっぱい吸っているからだろうか。

【日本】の俳句から読める春夏秋冬は美しく、自然の優しさがいっぱいだ。いつか私の生まれ育った中国にも、自然の優しさが蘇るように。

日本語と日本がだんだん好きになってきました

朱丹頴（西南交通大学・四川省成都市）

私は「日本語教材【日本】」という教材を読んで、日本という国と日本語という言葉に対する理解が深くなりました。そして、もっと日本語が好きになり、日本がだんだん好きになってきました。

戦後の日本経済が著しく発展した理由や問題点がよく分かりました。日本は、「日本人の勤勉さと会社への忠誠心」で経済大国になりました。そして、日本人には「決められたことを忠実に守る」という美徳があります。でも、【日本】という教材から、今、日本型経営はだんだん形を変えつつある、日本の若者は「働き過ぎ」と思うようになって、仕事だけでなく、自分自身の生活を楽しむようになったそうです。私は日本の若者の生き方を応援します。

【日本】は、二年生の私には、分からない言葉や文法がありますが、辞書を調べたりして、たくさんの新しい単語を学ぶことができました。

隣の島国の日本人はもう敵ではありません！

于　馨（大連海事大学・遼寧省大連市）

水曜日の授業で、担任の先生が「これを読みなさい。」と言って渡されたのが、【日本】という本でした。すぐ読みました。近ごろ読んだ本で、これほど勉強

になった教材はありません。本当に、この一冊で今の日本と日本人についても理解できるようになって、日本が好きになりました。

「血だらけの槍を振り回しているちょび髭の軍人たち」——それが、私がテレビで知った最初の日本人でした。小学生だった私は「日本人というのは人殺しばかりだね」と言いました。その時から、私にとって日本人は敵になりました。2011年8月、私は大学の入学通知を受け取り、そこには「日本語学科」と記されていました。仕方ない、適当にやり過ごせばいい、と思っていました。しかし、日本語を勉強した後、日本と日本人に対する印象が変われば変わるものでした。日本人の友達も作りました。【日本】を読んだ後、日本がもっと好きになりました。

今の私は、日本のことを尊重し、中国人の友達に日本のことを教え、もっと多くの日本人の友達を作ることができます。そういう平凡なことを、平凡に積み上げていけば、私は将来、中日友好に貢献することができると信じています。

隣にある緑の島国の日本人はもう敵なんかではありません。

【日本】は日本を知るチャンスをくれた

王歓歓（上海師範大学・上海市）

「日本語教材【日本】」が私を感動させたのは侵略戦争について述べたことだ。『三章・歴史』の89頁に、『日本軍は1937年（昭和12年）、北京郊外で中国軍と盧溝橋事件を起こし、日本が中国を侵略する日中戦争が始まった』という文がある。日本人の書いた本で侵略の事実を認める話が出たのは、本当に驚いた。客観的に歴史を述べるのは尊敬に値することだと思う。

【日本】の一番いいところは、客観的で歴史的な視野から日本人が書いているからだ。現実の日本の状況を正しく教えてくれる教材だと思う。日本語科の学生として、色々な日本文化についての本を読んだが、ほとんど中国人の書いたものだった。中国人の立場から日本を見て、主観的な考えで編集した本だから真実と違う内容もある。

日本文化の授業で、【日本】を教科書として使っている。日本について各方面のことを紹介してくれるから、私たちは日本の多くの分野の知識をだんだん知るようになっている。【日本】は、中国の日本語科の学生に、日本を知るチャンスをくれた。

【日本】は、本当によい教材だと思う

三部　中国の大学（日本語科）から届いた「学生と教師の『声』」

三章
『アンケート』の回答

　国際交流研究所は、1999 年以降、4 回の「アンケート調査」を行なった。
　【第一回】（1999 年）と【第四回】（2015 年）の回答の一部

【一】第一回　1999 年 3 月〜 6 月
80 大学の 7,634 人が回答

───（一）「日本」に親しみを感じる＝ 60.0％───
（どちらかと言えば、を含む）

○「今、日本語を学んでいて、学べば学ぶほど日本を近く感じる」

　（新彊蒙古師範学院・女）

○「日本文化が好きですから。例えば、茶道、いけばななどです」

　（北京大学、女）

○「一衣帯水の隣国で、髪の色も同じで、そんなに距離感がないです。言葉が通じれ
　ば、兄弟みたいではないでしょうか」　　　　　　　　　（吉林大学・女）

○「日本人民は勤勉です。日本の風景が美しいです」　　　（山東大学・女）

○「日本の文化や習慣は中国から大きな影響を受けた」　（大連理工大学・男）

○「日本の風物とか、伝統的な文化とか、日本料理とか、いろいろなことが好きです。
　特に、日本人の勤勉さに親しみを感じます」　　　　　　（湘潭大学・女）

○「中日両国は一衣帯水の隣国で、文化的にも共通の土壌を持つからです」

　（中国共産党中央党校・男）

○「何人かの親切な日本人に接した」　　　　　　（洛陽外国語学院・男）

○「日本の民族は勤勉で、勇敢な民族だ」　　　　　　　（錦州医学院・女）

○「隣国で、礼儀正しい日本国民が好き」　　　　　　　　（長春大学・女）

───（二）「日本」に親しみを感じない＝ 27.5％ ───
（どちらかと言えば、を含む）

△「侵略戦争について、日本政府は中国および他のアジア諸国に誠実で正式な謝
　罪をしていない」　　　　　　　　　　　　　　　　　　（吉林大学・女）

△「日本政府には中国を侵略した歴史を認めない人がいます。しかも、首相を始め靖
　国神社を参拝したこともあります」　　　　　　　　　　（重慶大学・男）

△「今まで日本は中国侵略戦争に対し、丁重な書面の謝罪をしていない」

　（中国赴日本国留学生予備学校・男）

131

【二】第四回　2014 年 12 月～2015 年３月

172 大学の１万 2,038 人が回答

────── （一）「日本」に親しみを感じる ＝70.1％ ──────
（どちらかと言えば、を含む）

○ 「歴史があるから、日本語を習う前は日本が嫌いだった。しかし、日本語を習ってから日本の文化に興味を持ち、日本という国の全体像を次第に把握できるようになった」
　　　　　　　　　　　　　　　　　　　　　　　　　　　　　　　　　　　（南京大学・女）

○ 「日本語の勉強と、日本のドラマや映画やＮＨＫの記録映画などで、少しずつ日本への理解が深くなった。日本の歴史や文化などがだんだんわかり、日本という国もだんだん好きになった」
　　　　　　　　　　　　　　　　　　　　　　　　　　　　　　　（四川外国語大学・女）

○ 「戦争の原因で日本が大嫌いだったが、日本語学部の学生になって以来、日本の文化や社会のことが分かるようになり、日本がだんだん好きになった」
　　　　　　　　　　　　　　　　　　　　　　　　　　　　　　　（浙江師範大学・女）

○ 「高校一年生の時、日本のアニメを見て好きになり、大学で日本語を選んだ。日本は、環境とか、ごみの分類など多くの面で私達が学ぶ価値がある」
　　　　　　　　　　　　　　　　　　　　　　　　　　　　　　（山東青年政治学院・女）

────── （二）「日本」に親しみを感じない ＝ 23.1％ ──────
（どちらかと言えば、を含む）

△ 「南京大虐殺という歴史的事実があるのに、侵略戦争の歴史を歪曲し、中国国民の感情を傷つけている」　　　　　　　　　　　　　　　　　　　　（山東青年政治学院・女）

△ 「小さい頃から、日本に関するイメージがよくない。抗日戦争で日本軍は南京大虐殺事件を起こした。しかも、現在の日本政府はその事実を認めようともしない。中国人としてどうしても許せない」　　　　　　　　　　　　　　　　　（西南交通大学・女）

△ 「今まで日本政府は一度も中国に謝罪したことがない。まず日本が自分の犯した罪を認めて、中国に正式に謝罪することが歴史問題の解決になる」
　　　　　　　　　　　　　　　　　　　　　　　　　　　　　　（北京第二外国語学院・女）

△ 「日本政府がＡ級戦犯を祀る靖国神社を参拝するのは中国人の傷口に塩を塗るようなものだ。これは中日関係の政治の基礎を壊した」　　　　　　　（東華大学・女）
　　　　　　　　　　　　　　　　　　　　　　　　　　　　　　　（信陽師範学院・女）

△ 「日本語を勉強するに従って、日本に親しみを感じるようになったが、日本がひどい侵略戦争を起こしたことは事実なので、複雑だ」　　　　（温州医科大学・女）

三部　中国の大学（日本語科）から届いた「学生と教師の『声』」

─── （三）「日本人」に親しみを感じる＝71.6% ───
（どちらかと言えば、を含む）

○「日本人の先生と接して、本当に親しみを感じた。責任感が強くて、一生懸命仕事
　をして、私たちを笑わせてくれて、いろんなマナーを習った」
　　　　　　　　　　　　　　　　　　　　　　　　　　（西安外国語大学・女）

○「日本人の先生がいつもやさしく、熱心で、時間を守る。日本語を教えるだけでな
　く、中日交流の橋として、重要な存在だと思う」　　　（内蒙古大学・女）

○「以前は日本人に親しみを感じなかったが、日本語を勉強して、日本人と知り合い
　になって、日本人はとても優しくて、親切で、真面目だということが分かった」
　　　　　　　　　　　　　　　　　　　　　　　　　　（遼寧師範大学・女）

○「日本人は悪人だと思って嫌いだった。日本語を勉強して、日本人の先生に会って
　日本人のことを知った。とてもやさしく親切だ」　　（河南科技大学・女）

○「日本語を習うおかげで、やさしくて、熱心で真面目な日本人に会った。人と人の絆
　は国を超えるものだなぁとしみじみ感じた。歴史の問題はありますが、中国と日本は
　仲良く発展したいです。永遠の中日友好を希望します」（闓江学院・女）

─── （四）「日本人」に親しみを感じない＝19.56% ───
（どちらかと言えば、を含む）

△「歴史の事実を否定する日本人が嫌いだ。政府の人たちも第二次世界大戦の罪行を
　懺悔しないし、中国国民の気持ちを無視して、戦犯がいる靖国神社を参拝する。
　日本の若者は正確な歴史観がないようだし、中国人が嫌いらしい」
　　　　　　　　　　　　　　　　　　　　　　　　　　（四川大学・男）

△「日本人の留学生は、日本が中国を侵略したことを知らない」
　　　　　　　　　　　　　　　　　　　　　　　　　　（西安外国語大学・女）

△「小さい頃から抗日戦争についての映画やドラマを見ているから」
　　　　　　　　　　　　　　　　　　　　　　　　　　（西南交通大学・女）

△「日本人はなぜ、歴史を正視しないのか。日本や日本人のたくさんのことが好きだ
　けど、歴史に対する態度ではどうしても親しみを感じられない」
　　　　　　　　　　　　　　　　　　　　　　　　　　（遼寧師範大学・女）

△「日本人はお礼にこだわりすぎる。かえって、水臭い感じがする。付き合いづらい
　感じだ」　　　　　　　　　　　　　　　　　　　　（南京大学金陵学院・女）

△「いつも、あいまいで、内心の考え方や気持ちを伝えない」　（河南大学民生学院・男）

△「日本人を見たことがない。歴史の勉強を通して、親しみを感じない」
　　　　　　　　　　　　　　　　　　　　　　　　　　（新疆師範大学・男）

◎日中関係の「壁」になっている「歴史認識問題」を解決するには、どうすればいいと思いますか?

【「日本」への注文】

◎「日本に、中国を侵略した戦争で亡くなった人に『すみませんでした』を言ってもらいたい、それだけだ。その一つの言葉を誠心誠意言えば、『壁』は必ず無くなる」
（華南理工大学・男）

◎「日本政府が過去の侵略戦争と残酷な行為を認めない限りアジアで永遠に認められない。『思いやりの精神』を重んじる日本人は、なぜ被害者の立場に立てないのか」
（清華大学・男）

◎「まず、日本は侵略の歴史を認めて、教科書に書いてほしい。靖国神社に参拝しない。そうしたら、中日関係はよくなります」
（内蒙古師範大学・女）

◎「日本の首相は、軍国主義を象徴し、中国人の感情を刺激している靖国神社に参拝しないでほしい」
（温州医科大学・女）

◎「今の日本人、特に若い人たちは歴史を忘れるようになった。必ず、日本人にちゃんと歴史を勉強させるべきだ」
（蘭州理工大学・男）

◎「一番大きな問題は、大多数の日本人が正しい歴史についてよく知らないことだ。教育やマスコミなどを通して正しい歴史を日本人に教えて、次世代に伝えるべきだ」
（天津外国語大学・女。福建師範大学・女）

◎「日本政府は、日本の青少年たちに歴史問題について正しく教育するべきだ。巨大な『壁』を突破するには若者の力が必要だ」
（大連芸術学院・女）

【日中双方へ】

▲「両国の努力が必要だ。日本は侵略の歴史を認める勇気と誠意を示し、ドイツのように中国に侵略の歴史を謝る。中国政府は歴史問題を客観的に理解させる教育を行う。公祭日（抗日戦争勝利記念日など）を設けたのは、日本を恨むためではなく、歴史の教訓を骨に刻んでほしい、という気持ちからだ」
（集美大学・女）

▲「『壁』をつぶすには、中日両国人民の努力が必要だ。中国人は恨みを忘れ、日本人は歴史を認めて反省することだ」
（河南大学・女）

▲「事態をこれ以上悪化させないように、お互いに、挑発行為を自粛して、冷静に未来のことを念頭に置いて、歴史認識問題に向う姿勢が大事だ」
（浙江工商大学・女）

三部　中国の大学（日本語科）から届いた「学生と教師の『声』」

◎日中関係をよくするために、中国人が出来ることは何だと思いますか？

【「偏見」と「先入観」を捨てる！】

◆「日本をよく知らないで『日本人は全部悪人だ』という考え方はやめて、理性的に日本を見るべきだ」　　　　　　　　　　　　　　　　（河南科技大学・女）

◆「中国人は偏狭な民族意識と日本に対する偏見や恨みを捨てるべきだ。そして、日本のいい面を中国は学ぶべきだ」　　　　　　　　　　　　　　（西北大学・女）

◆「先入観を取り除いて、客観的に現在の日本を見るべきだ。歴史の恨みのために日本を盲目に否定してはいけない」　　　　　　　　　　（四川外国語大学・女）

◆「歴史を忘れないのは憎しみのためではなく、戦争を二度としないためだ。中国人は、偏見と先入観を持たないで、日本を理解しよう」　　　　（内蒙古大学・女）

【自分の目で、客観的に「日本」を見る】

◆「テレビや単なる政府の政治宣伝を受け取るのではなく、まず、自分の目で見て、自分の耳で聞いて、自分で日本のことを考えることが大事だ」
　　　　　　　　　　（中山大学・女。山東師範大学・女。遼寧師範大学・女）

◆「日本のことを自分で感じて、考えて結論を出すべきだ。中国人として、過去の歴史は確かに辛い、忘れがたい。しかし、憎しみと誤解で前へ進めないのは両国にとっても不幸だ」　　　　　　　　　　　　（山東大学威海翻訳学院・男）

【テレビドラマ・映画】について

◆「中国の民衆は中国のいわゆる『抗日ドラマ』に深く影響を受けている。テレビなどで、抗日戦争のドラマを減らすべきだ。日本人についての悪いイメージが多過ぎると日本に対する中国人の恨みは増える一方だ」

（南昌大学・男。女。浙江大学・女。吉林大学・女。大連工業大学・女。華南師範大学・女。福建師範大学・女。西北師範大学・女。河南大学・女）

【マスコミ・メディア、教科書について】

◆「マスコミ・メディアはもっと客観的な日本を紹介してほしい。子供たちの教科書の中の日本に対する恨みを消してほしい。恨みは何の解決もできない」
　　　　　　　　　　　　　　　（南京大学金陵学院・女。吉林大学・女）

【「反日行動」、について】

◆「歴史問題だけで、日系企業を壊したり、日本人を傷つける衝動的な反日行為は文明国である大国・中国のすることではない。もっといい方法がある」

(哈爾濱師範大学・女。中山大学・女。河南師範大学・男。北京科技大学・女)

【「日本と日本人」への対し方】

◆「色眼鏡で日本人を見てはいけない。中国人は井戸の中から天をのぞくのではなく、視野を広げる必要がある。盲目的な『排日の気持ち』をなくして、冷静な愛国心を持って、日本の優れた福祉、教育、経済、環境汚染対策などを見習うべきだ」

(南京大学・女。東北財経大学・女。河南科技大学・女)

【「交流の促進」が必要】

◆「民間の交流がなければ、国家間の友好と発展はあり得ない。交流を深めて、偏見や思い込みを取り除くことに力を入れるべきだ。次代を担う青年の交流促進が、未来の日中関係を決める」

(煙台大学・女。西南交通大学・男)

【日中友好の"架け橋"になりたい！】

◆「日中の〝架け橋〟になりたい。両国の国民の偏見をなくすために、日本の人に中国のいいところを伝えて、中国の人に日本のいいところを伝えたい」

(西南民族大学・男。河南大学・男。遼寧大学・女)

◆「両国の理解を深めるために、架け橋として周りの人に、自分の心で感じた日本文化や自分の知っている日本の良さと悪さを伝えて、偏見と誤解などを解消するために一生懸命頑張りたい」

(四川大学・女。内蒙古大学・女)

◆「自分が知っている日本をちゃんと周りの人に伝えていきたい。彼らに日本はどんな国か、日本人の真面目と親切という性格を知ってもらいたい」

(北京第二外国語学院・女)

◆「日本に行って、日本人に、中国人の戦争被害者としての気持ちや中国文化をチャンと伝えたい。相互理解ができたら誤解も自然に消えていくと思う」

(内蒙古大学・女。青島職業技術学院・女。華南理工大学・女)

◆「言葉は心の架け橋だ。日本語をもっと勉強して、日本文化や歴史や真の日本を学んで、中日関係の絆になりたい。日本に留学して、本当の日本の生活を見て理解を深めたい」

(哈尔濱師範大学・男。信陽師範学院・男。吉林財経大学・男。煙台大学・女。華北科技学院・女。河北大学・女。河南師範大学・男)

三部　中国の大学（日本語科）から届いた「学生と教師の『声』」

四章
「手紙」と「Ｅメール」

（　）内は、当時の肩書

私の人生を大きく変えた「作文コンクール」

○路　遜（北京第二外国語学院教師・北京市）　2005年

　国際交流研究所主催の第二回・日本語作文コンクールで「一等賞」になった
ことは、私の人生を大きく変えた、と思います。招待されて一週間の日本訪問
は、短かったかも知れませんが、実際に自分の目で見て、肌で感じて、日本と
いう国と日本の人々を理解することができました。

　言葉を活かして、相手の国に実際に住んで、実際に肌で感じることが、相互
理解を深める上で最も大切だということを体験で知りました。本当に「百聞は
一見に如かず」です。時々、日本の大学に行って、中国語を教えるチャンスも
あります。大変有意義な仕事だと思います。「言葉」は交流の重要な手段で、
その勉強を通して、学生たちは相手の国について多くのことを知り、沢山の人
と付き合うことができるからです。日本でも、中国でも、相手の国の言葉を勉
強して、留学や仕事を通して、中日交流の各分野で活躍している人たちが数多
くいます。私も、その人たちと一緒に頑張っていきたいと思います。

たゆまず、着実に「中日友好」を実行したご夫妻

○耿鉄珍（哈尔濱工業大学教授・黒龍江省哈尔濱市）　2007年

　1989年に長崎大学に留学していた時、留学センターで、「季刊誌『日本』」
を読みました。日本で生活する必要な知識、伝統的な日本文化など、私の勉強
に大変役立ち、大好きになりました。帰国する前に、東京で初めて大森先生ご
夫婦にお会いしました。東京タワー、賑やかな銀座、綺麗な横浜港などへ案内
して頂き、優しくもてなして頂いたことが忘れられません。そして、私は、先
生ご夫妻のご恩に報いるため、中国の若者たちへの日本語教育に努力をしよう
と決心しました。帰国後も、「季刊誌『日本』」や「日本語教材【日本】」など
の教材を寄贈してくださいました。学生は「日本語作文コンクール」にも積極
的に応募しました。特に【日本】は、日本を理解するのにとても役立ち、今も
授業で使っています。誰も「中日友好のために橋をかける」と口では言います
が、ご夫妻のように、長い間たゆまず、着実に中日友好を実行した人は数える
ほどです。ご夫妻の夢は、中国の日本語学習者の心に確実に根付いています。

137

日本語教師として、中日友好に全力を尽くします

○石金花（洛陽外国語学院教師・河南省洛陽市）　2007 年

　嬉しい報告を致します。日本語教師になることが決まりました。洛陽外国語学院で日本語を教えることは、夢みたいです。日本語の勉強を始める前に日本という国に対する印象は決していいとは言えませんでした。戦争の時、日本兵は中国などの人々を残忍に殺したということをテレビなどで知っていたからです。生まれてからずっと日本と日本人に対する知識はそれだけでした。でも、大学に入って日本語を勉強してから、日本と日本人をだんだん理解するようになり、私の対日観は変わりました。

　以前は日本人に対して全面否定的な態度でしたが、大森先生ご夫妻の活動を知ってから、日本でも中日友好のためにこれほど頑張っている人もいるのだと知って、日本人に対する印象が大きく変わったのです。そして、中日友好のために頑張らなきゃという使命感が沸いて、日本語教師になろうと決心したのです。表彰式で「理解不足による『日本嫌い』の中国の若者を一人でも減らしたい」と大森先生がおっしゃった話は、私に、中日友好に尽くそうという決心をさせてくださいました。中日関係は、歴史問題など、複雑な問題があります。私は、このような中日関係のために、せっかくの訪日のチャンスを逸して、悲しい思いをしました。中日関係を妨げる大きな原因は理解不足です。一人の日本語教師として、自分の知っている日本、これまでに出会った日本人のことを学生たちに伝えることによって、中日友好のために全力を尽くします。

中国の日本語教育史に忘れられない一ページ

○陳月吾（中南大学教授・湖南省長沙市）　2007 年

　大森先生ご夫妻が長い間、日本語交流で中日友好の卵たちを励まし続け育ててこられたことは、中国の日本語教育史に忘れられない一ページを残しました。日本語教材の寄贈や『日本語作文コンクール』など、先生ご夫妻個人のお力で中国の日本語教育に大変寄与されました。ご夫妻に対する尊敬と感謝の気持ちでいっぱいです。特に、『日本語作文コンクール』は、中国の大学の日本語科の学生に計りしれない影響を与えました。学生たちの日本語作文の力がついただけでなく、中日友好に対する意識を高める上で大変有益でした。「**日本語教材【日本】**」は学生たちが日本を理解する窓口として素晴らしい教材です。中日友好に対する先生ご夫妻のお気持ちを受け止めて、中国の若者たちはきっと中日友好に力を尽くしてくれると信じています。

三部　中国の大学（日本語科）から届いた「学生と教師の『声』」

多くの若者が中日友好について教えられた

○方愛郷（東北財経大学教授・遼寧省大連市）　2007年

　大森先生ご夫妻が「こつこつと中日交流に努力された姿」に感銘を受けました。中国の多くの若者が中日友好について考えさせられたり、教えられたりしました。そのことが最も大きな貢献ではないか思います。ご夫妻のお気持ちを、これからも、大事にし、学生に伝えていきたいと思います。

本当の「中日友好」に貢献

○王健宜（南開大学外国語学院教授・天津市）　2010年

　大森先生ご夫妻が個人の立場で、合計15回も実施された『中国の大学生、院生『日本語作文コンクール』は、中国で影響力と権威のある「コンクール」でした。中国全土の多くの大学が、日本語学習と日本理解を深めるために、積極的に参加しました。1993年と1994年に、南開大学(天津市)で行われた「第一回」、「第二回」の[表彰式]は、とても有意義で、楽しい思い出です。

　先生からいろいろなことを学びました。利益を求めず、中日友好のために努力されたご夫妻の精神は、中国の日本語学習者の心に記憶されることでしょう。

　私の授業では、「真の中日友好とは何か」について、いつも議論しています。その時、私は、本当の「中日友好」にご貢献し続けてきたご夫妻のことを、必ず学生に話します。じっと聞いている彼らの目の輝きから、彼らが中日友好の明るい未来を展望し、懸け橋になってくれる、と信じています。

　ご夫妻の活動は、中国の日本語教育を単なる「語学訓練型」から「文化理解型」に転換する上で大きく貢献されたと思います。特に、「個人の活動」として長い間続けてこられたことは、中国の人たちに大きな感動を与えました。中国の多くの学生と教師が、『日本語作文コンクール』に参加し、日本語教材の【日本】を活用して、日本と日本人への理解を深めただけでなく、ご夫妻の行動から、「中日友好」の原動力になる多大な精神力を頂きました。

「日本語交流の歴史」に刻まれる活動

○曲　維（遼寧師範大学副学長・遼寧省大連市）　2010年

　25年間、本当にご苦労様でした。中国の日本語教育に対する大森ご夫妻の長年にわたる献身的なご努力は、両国の「日本語交流の歴史」にいつまでも刻まれることでしょう。

　十数回実施された『日本語作文コンクール』という素晴らしい「大舞台」で鍛えられた若い大学生たちは、現在、中日の教育、文化、経済、貿易の第一線で活躍しており、将来、中日関係の中堅的な存在になるに違いありません。何回も改訂されて出版された【日本】という日本語教材の編集と寄贈も大きな功績です。【日

139

本】は「文化理解型」の日本語教材として高く評価され、今でも各大学で広く使われています。私もその編集に参加させて頂き、忘れがたい思い出になりました。六年間に三回も実施された大規模な「アンケート調査」は、中国の日本語教育界における大森先生ご夫妻の長年来の献身的なご努力への尊敬と信頼の表われです。学生が安心して「本音」を正直に書いており、中日友好・交流を発展させる上でとても貴重な資料です。

　良好な「中日関係」を末永く継続するには、中日双方の弛まぬ努力が必要です。政治家や政府高官の相互訪問は勿論大事ですが、広範な国民、特に将来を担う若者同士の交流が最も重要だと思います。相手国の言葉の学習と人々の交流によって、相互理解が深まり、相手国に対する親しみも高まります。これからも、中国における日本語教育を充実させ、発展させることが必要です。この意味でも、中国の日本語教育に対する大森先生ご夫妻の「功績と貢献」は、高く評価され続けると信じます。

ご夫妻の中日友好への固い意志

○宿久高（吉林大学外国語学院院長、中国日語教学研究会名誉会長）　2010年

　大森和夫先生ご夫妻は長い間、中国の日本語教育のために、一生懸命に努力し、貢献してくださいました。本の中日友好とは何かを、ご夫妻は、自らの行動で私どもに教えてくれました。1993年に「第一回・中国の大学生、院生『日本語作文』コンクール」を自費で始め、14回も続きました。作文の応募総数は1万6,346編に上ったそうです。その膨大な数の作文に目を通すだけでも大変な作業です。中国の学生の日本語作文を読んでいる先生ご夫妻の姿を想像すると、中日友好へのご夫妻の固い意志と中国の学生に対する愛が感じられます。ご夫妻のたゆまぬご努力は、中日関係の発展の担い手となる人材の育成に大いに役立ち、将来の中国と日本との文化交流に大きく貢献されるものと確信しております。私どもはもちろんのこと、日本語を勉強している学生も中日友好の将来を担うべき人材になることを誓いたい。

中国の若い世代の養成に貢献

○徐一平（北京日本学研究中心主任・北京市）　2012年

　中日関係が今のような状況を迎えているからこそ、両国の若者に中日友好と平和共存が如何に大事なのかを分かってもらわなければなりません。それが分かる人が多ければ多いほど、中日の関係は初めて本当の友好が実現できると思います。その意味で、大森先生ご夫婦の努力はきっと大きく実るに違いないと思います。先生ご夫婦は本当に中日友好のために、特に若い世代を養成するために大きな貢献をされました。中国の皆さんはそのことを永遠に忘れることができません。

重要な民間人の役割

○劉愛君(大連工業大学教授・遼寧省大連市) 2013年

　中日関係は、国交正常化が実現する1972年以前から「民をもって官を促す」という民間主導の形で進められてきました。中日関係の発展は、"井戸を掘った"両国の先達が、努力を重ねて、友好の道を開いてきました。以来、各分野における民間交流は活発に行われ、両国の相互理解と協力を促進する上で重要な役割を果たしています。25年間活動を展開されてきた日本人夫婦、大森和夫・弘子先生の存在も忘れてはならないと思います。今後の中日関係において、これまで以上に民間人の役割が期待されることでしょう。時代を超えて、「共に生きていく」未来を創る原動力は民衆と民衆の交流です。身近な人との触れ合いの中にこそ、中日友好、世界平和への第一歩があると思います。

「季刊誌『日本』」は中国の日本語教育にかけがえのないもの

○林娟娟(厦門大学日本語学部教授・福建省厦門市) 2013年

　2003年11月に洛陽の龍門石窟で大森先生ご夫妻と一緒に撮った写真を時々見ると、懐かしさと感激、感動で涙が目に溢れます。(「一部」二章、二節」参照)

　1989年、中国人留学生の寮「後楽寮」(東京都文京区)で、初めて「季刊誌『日本』」を読んだ時、それは中国の日本語教育にとってかけがえのない大事なものと、つくづく感じました。それ以来、25年間、私は学部生や大学院生向けの授業で、ご夫妻が作られた「季刊誌『日本』」と、「日本語教材【日本】」を使ってきました。長い間、わが日本語学部の「日本概況」の教材として使われています。「日本語教材【日本】」は年々改訂され、もっと充実し、読みやすく理解しやすい教材になりました。【日本】は、中日友好の「架け橋」として中国人日本語学習者に日本への理解を深めさせたことは事実ですよ。先生ご夫妻が中国の日本語教育に25年間心血を注いでいらっしゃいましたことに厚く、深くお礼を申し上げます。

以下、【第四回・アンケート調査】(2014年〜2015年)についての感想

貴重な研究資料

○呉少華(西安外国語大学教授・陝西省西安市)

　大量のアンケート資料を集計してまとめるのは、大変な作業だろうと思い、ご夫妻のお仕事をされている姿を想像しながら、感服の気持ちでいっぱいです。お陰さまで、これからの日本語教育において、学生たちの「歴史認識」や「中日友好」に関する考え方や、学生たちの日本語学習の動機などについての貴重な研究資料ができました。早速、活用させて頂きます。

「感謝」の二文字しかありません

○李紅蘭（日本語教師・福岡市。遼寧師範大学卒）

　私は1994年〜1998年の間、に大森先生ご夫妻が大学（遼寧師範大学）に寄贈してくださった「**季刊誌『日本』**」の愛読者でした。日本に好感を持っている人が増えたことに「うん、確かに…」、「なるほど…」と共感できます。中国で"日本のファン"を増やすために大森先生ご夫妻が20数年間も、草の根の活動をされてきたことに、「感謝」二文字しかありません。

中日友好の「橋渡し」

○建賛賛（河南科技大学教師・河南省洛陽市）

　お二人の長い間の日中友好活動は、中日友好の「橋渡し」です。日本語による文化交流を促進し、お互いをよく知り合うことが、理解を深める道につながると思います。「アンケート」の結果は、国際交流研究所のＨＰで、大学の教師も学生も興味深く読んでいます。中国の学生は、日本に対して複雑な気持ちもありますが、全体として、日本に親近感を持ってくれているのが、とても嬉しいです。

「中日友好」の未来に期待！

○陶　金（大連海事大学日本語教師・遼寧省大連市）

　1万2,038人（172大学）の回答を、一枚一枚、集計して分析するのは、どれほど大変な仕事でしょうか。どれほどの体力、脳力を使ったのか、想像することも出来ません。感動でいっぱいでした。ご夫妻の「中日友好の大樹」にもう一つ輝かしい果実が実りました。日本に親近感を持っている大学生が20.1％も増えたこと、最高に喜ばしいことです。ご夫妻の長い間の努力に、感動、感謝、感激の気持ちです。長年のご尽力と多大な貢献、本当にありがとうございました。大森先生ご夫妻のような日本人がいるからこそ、中日友好の未来が期待できるのです。

日本語教師にとっても、大変参考になる貴重な資料

○劉愛君（大連工業大学教授・遼寧省大連市）

　日本語教師にとっても、中日交流に携わる人々にとっても大変参考になる貴重な資料です。日本と日本人に親しみを感じる学生が70％以上で、10年前より好転したことを本当に嬉しく思います。でも、日本語学科の大学生が村山談話などまったく知らないことに、日本語教師として正直びっくりしました。これからの授業で、学生たちに日本語と日本文化だけでなく、中日関係や中日交流史について教えることも大切だと思います。

おわりに

～ 2016 年 3 月下旬、中国の大学の 2 人の日本語教師からメールをもらった～

・「日本語教材『新日本概況』30 冊、ありがとうございます。長い間、中国の日本語教育のために全力を尽くし、本当にお疲れ様でした。これまで頂いた教材は、すべて在学生に渡し、学生には『この教材はただの本ではなく、日本人ご夫婦の心血であり、真心です』と伝えております。学生さんも一生の宝物として大事にしているでしょう」《李美花先生＝延辺大学外国語学院・吉林省延吉市》

・「大森先生ご夫妻が作成された「日本語教材『新日本概況』」が 50 冊届きました。これからの授業にこの教科書を生かしていこうと思っています。実は、私も 17 年前、山西大学の学生時代に、ご夫妻の「大学用・日本語教材『日本（上、下）』(1987 年～ 1988 年。大連出版社刊) を四年間勉強しました。この教科書から日本文学、日本文化に関しての知識をいろいろ学びました。心から感謝いたします」

《張添羽先生＝山西大学商務学院・山西省太原市》

　夫婦で中国の大学と日本語交流活動を始めたのは、中国人の留学生に出会ってから 4 カ月後の 1989 年 1 月だった。5 カ月後、天安門事件が起きた。その頃、学生の間では、経済大国・日本への憧れが顕著だった。その後、「社会主義市場経済」に移行した中国は激変した。中国は、GDP（国内総生産）が日本を抜いて名目で世界 2 位になり富裕層が増えた。しかし、貧富の差など大きな「格差」が厳存する国でもある。

　日中両国はアジアと世界のために重要な国同士だ。しかし、両国の関係は『歴史』ゆえに、折に触れてギクシャクする。中国の人たちの「反日感情」はなお根深い。

・・・・・・・・・・・・・・・・・・

　1998 年に行った「第六回・中国の大学生、院生『日本語作文コンクール』」で、李錦成君（遼寧師範大学・大連市）が書いた作文の一節が忘れられない。

「もし日本語を勉強しなかったら、私は一生、日本を恨んで、

日本を正しく理解できなかったかもしれない」（本書・116 頁参照）

　「理解不足」による〝日本嫌い〟の中国の若者を一人でも減らしたい！と願って始めた「日本語の文字」にこだわった「28 年間の〝手作り・日中交流〟」を通して、

「お互いを知ることが理解と友好の基盤になる」ことを改めて痛感した。

　大連工業大学（遼寧省大連市）の外国語学部長・劉愛君先生（日本語学科教授）から送って頂いた短歌で本書を結びたい。劉愛君先生は、遼寧師範大学（大連市）の大学院生当時、2000 年の「第八回『日本語作文コンクール』」（国際交流研究所主催）で最優秀賞に選ばれた。　　　　　　　　　　　　　　　　（本書・62 頁参照）。

「中日の　絆を結ぶ　ご夫妻の　四半世紀　光り輝く」

　中国の大学（日本語科）との「日本語交流活動」は今年、〝卒業〟します。

　　　2016 年 4 月　　大森和夫・大森弘子（国際交流研究所）

【編著者紹介】

○大森和夫
　1940年東京都生まれ。
　東京都・九段高校卒。早稲田大学第一政治経済学部政治学科卒。
　朝日新聞記者（大分支局、山口支局、福岡総局、政治部、編集委員）を経て、
　1989年1月、国際交流研究所を開設。

◇大森弘子
　1940年京都府生まれ。
　京都府・西舞鶴高校卒。京都女子大学短期大学部家政学科卒。
　京都府・漁家生活改良普及員（地方公務員・3年間）。
　「日本語教材『日本』」各版の編集長。

　　　　　※　　　　　※　　　　　※

※　文部科学大臣表彰・国際交流功労者（2003年）
※　第十二回・東亜同文書院記念賞（2005年）
※　中国日語教学研究会・栄誉證書
※　中国日語教学研究会・中国日語教育貢献奨（2006年）
※　平成18年度社会貢献者・社会貢献支援財団（2006年）
※　第三回「かめのり賞」・かめのり財団（2010年）

　　136-0076　東京都江東区南砂6-7-36-709
　　Eメール＝yuraumi@yahoo.co.jp
　　ＵＲＬ＝http://kazuhiro.webcrow.jp/（国際交流研究所）

日本語で日本理解を！
夫婦の「手作り・日中交流」28年

2016年6月17日初版第1刷発行

編著者　大森和夫・大森弘子
発行者　段景子
発行所　株式会社日本僑報社
　　　　〒171-0021 東京都豊島区西池袋3-17-15
　　　　TEL03-5956-2808　FAX03-5956-2809
　　　　info@duan.jp
　　　　http://jp.duan.jp
　　　　中国研究書店 http://duan.jp

2015PrintedinJapan.ISBN978-4-86185-214-5　　　C0036

日本僑報社好評既刊書籍

悩まない心をつくる人生講義
―タオイズムの教えを現代に活かす―

アメリカの名門 Carleton College 発、全米で人気を博した

チーグアン・ジャオ 著
町田晶（日中翻訳学院）訳

元国連事務次長 明石康氏推薦!!
悩みは100%自分で消せる！
難解な老子の哲学を分かりやすく解説し米国の名門カールトンカレッジで好評を博した名講義が書籍化！

四六判247頁 並製 定価1900円+税
2016年刊 ISBN 978-4-86185-215-2

日中中日翻訳必携　実戦編Ⅱ

武吉次朗 著

日中翻訳学院「武吉塾」の授業内容を凝縮した「実戦編」第二弾！
脱・翻訳調を目指す訳文のコツ、ワンランク上の訳文に仕上げるコツを全36回の課題と訳例・講評で学ぶ。

四六判192頁 並製 定価1800円+税
2016年刊 ISBN 978-4-86185-211-4

中国人の価値観
―古代から現代までの中国人を把握する―

宇文利 著
重松なほ（日中翻訳学院）訳

かつて「礼節の国」と呼ばれた中国に何が起こったのか？
伝統的価値観と現代中国の関係とは？
国際化する日本のための必須知識。

四六判152頁 並製 定価1800円+税
2015年刊 ISBN 978-4-86185-210-7

第六回日本人の中国語作文コンクール受賞作品集
Made in Chinaと日本人の生活
中国のメーカーが与えた日本への影響

段躍中 編

駐日特命全権大使　程永華氏推薦!!
両国のより多くの人々がお互いの言語と文化を学び、民間交流の促進と友好関係の増進に積極的に貢献されるよう期待しております。
　　　　―程永華氏推薦文より

A5判216頁 並製 定価2000円+税
2011年刊 ISBN 978-4-86185-110-0

春草
～道なき道を歩み続ける中国女性の半生記～

日本図書館協会選定図書　日本翻訳大賞エントリー作品

裘山山 著、于暁飛 監修
徳田好美・隅田和行 訳

東京工科大学 陳淑梅教授推薦!!
中国の女性作家・裘山山氏のベストセラー小説で、中国でテレビドラマ化され大反響を呼んだ『春草』の日本語版。

四六判448頁 並製 定価2300円+税
2015年刊 ISBN 978-4-86185-181-0

中国の百年目標を実現する
第13次五カ年計画

胡鞍鋼 著
小森谷玲子（日中翻訳学院）訳

中国政策科学における最も権威ある著名学者が、国内刊行に先立ち「第13次五カ年計画」の綱要に関してわかりやすく紹介した。

四六判120頁 並製 定価1800円+税
2016年刊 ISBN 978-4-86185-222-0

現代中国カルチャーマップ
百花繚乱の新時代

日本図書館協会選定図書

孟繁華 著
脇屋克仁／松井仁子（日中翻訳学院）訳

悠久の歴史とポップカルチャーの洗礼、新旧入り混じる混沌の現代中国を文学・ドラマ・映画・ブームなど立体的によみとく1冊。

A5判256頁 並製 定価2800円+税
2015年刊 ISBN 978-4-86185-201-5

日本における新聞連載
子ども漫画の戦前史

中国教育師研究優秀成果賞受賞

徐園 著

著者が三年間にわたって調査・収集してきた日本の新聞連載子ども漫画についての研究成果である。なかでも今まで掘り出されていなかった子ども漫画作品が多く紹介され、詳細なデータを提示している。

A5判384頁 上製 定価7000円+税
2013年刊 ISBN 978-4-86185-126-1

日本僑報社好評既刊書籍

新疆物語
～絵本でめぐるシルクロード～

王麒誠 著
本田朋子（日中翻訳学院）訳

異国情緒あふれるシルクロードの世界日本ではあまり知られていない新疆の魅力がぎっしり詰まった中国のベストセラーを全ページカラー印刷で初翻訳。

A5 判 182 頁 並製　定価 980 円＋税
2015 年刊　ISBN 978-4-86185-179-7

新疆世界文化遺産図鑑

小島康誉／王衛東 編
本田朋子（日中翻訳学院）訳

「シルクロード：長安－天山回廊の交易路網」が世界文化遺産に登録された。本書はそれらを迫力ある大型写真で収録、あわせて現地専門家が遺跡の概要などを詳細に解説している貴重な永久保存版である。

変形 A4 判 114 頁 並製　定価 1800 円＋税
2016 年刊　ISBN 978-4-86185-209-1

中国の「穴場」めぐり

日本日中関係学会 編

宮本雄二氏、関口知宏氏推薦!!
「ディープなネタ」がぎっしり！
定番の中国旅行に飽きた人には旅行ガイドとして、また、中国に興味のある人には中国をより深く知る読み物として楽しめる一冊。

A5 判 160 頁 並製　定価 1500 円＋税
2014 年刊　ISBN 978-4-86185-167-4

若者が考える「日中の未来」Vol.1
日中間の多面的な相互理解を求めて
─学生懸賞論文集─

宮本雄二 監修
日本日中関係学会 編

2014 年に行った第 3 回宮本賞（学生懸賞論文）で、優秀賞を受賞した 12 本を掲載。若者が考える「日中の未来」第一弾。

A5 判 240 頁 並製　定価 2500 円＋税
2016 年刊　ISBN 978-4-86185-186-5

新中国に貢献した日本人たち

中日関係史学会 編
武吉次朗 訳

元副総理・故後藤田正晴氏推薦!!
埋もれていた史実が初めて発掘された。登場人物たちの高い志と壮絶な生き様は、今の時代に生きる私たちへの叱咤激励でもある。
　　　　　　―後藤田正晴氏推薦文より

A5 判 454 頁 並製　定価 2800 円＋税
2003 年刊　ISBN 978-4-93149-057-4

永遠の隣人
人民日報に見る日本人

孫東民／于青 編
段躍中 監修　横堀幸絵ほか 訳

日中国交正常化 30 周年を記念して、両国の交流を中国側から見つめてきた人民日報の駐日記者たちが書いた記事がこのほど、一冊の本「永遠的隣居（永遠の隣人）」にまとめられた。

A5 判 606 頁 並製　定価 4600 円＋税
2002 年刊　ISBN 4-931490-46-8

必読！今、中国が面白い Vol.9
中国が解る 60 編

面立会 訳
三瀦正道 監訳

『人民日報』掲載記事から多角的かつ客観的に「中国の今」を紹介する人気シリーズ第 9 弾！　多数のメディアに取り上げられ、毎年注目を集めている人気シリーズ。

A5 判 338 頁 並製　定価 2600 円＋税
2015 年刊　ISBN 978-4-86185-187-2

なんでそうなるの？
―中国の若者は日本のココが理解できない

段躍中 編

第 11 回中国人の日本語作文コンクール上位入賞作を一挙掲載した本書には、一般の日本人にはあまり知られない中国の若者たちの等身大の姿や、ユニークな「生の声」がうかがい知れる力作がそろっている。

A5 判 272 頁 並製　定価 2000 円＋税
2015 年刊　ISBN 978-4-86185-208-4

豊子愷児童文学全集 (全7巻)

少年美術故事(原書タイトル)

四六判 並製　1500円＋税
ISBN 978-4-86185-189-6

中学生小品(原書タイトル)

四六判 並製　1500円＋税
ISBN 978-4-86185-191-9

華瞻的日記(原書タイトル)

四六判 並製　1500円＋税
ISBN 978-4-86185-192-6

給我的孩子們(原書タイトル)

四六判 並製　1500円＋税
ISBN 978-4-86185-194-0

一角札の冒険

次から次へと人手に渡る「一角札」のボク。社会の裏側を旅してたどり着いた先は……。世界中で愛されている中国児童文学の名作。

四六判 並製　1500円＋税
ISBN 978-4-86185-190-2

2015年10月から順次刊行予定！

※既刊書以外は中国語版の表紙を表示しています。

少年音楽物語

家族を「ドレミ」に例えると？音楽に興味を持ち始めた少年のお話を通して音楽への思いを伝える。

四六判 並製　1500円＋税
ISBN 978-4-86185-193-3

博士と幽霊

霊など信じなかった博士が見た幽霊の正体とは？人間の心理描写を鋭く、ときにユーモラスに描く。

四六判 並製　1500円＋税
ISBN 978-4-86185-195-7

華人学術賞受賞作品

●中国の人口変動―人口経済学の視点から
第1回華人学術賞受賞　千葉大学経済学博士学位論文　北京・首都経済貿易大学助教授 李仲生著　本体 6800 円＋税

●現代日本語における否定文の研究―中国語との対照比較を視野に入れて
第2回華人学術賞受賞　大東文化大学文学博士学位論文　王学群著　本体 8000 円＋税

●日本華僑華人社会の変遷（第二版）
第2回華人学術賞受賞　廈門大学博士学位論文　朱慧玲著　本体 8800 円＋税

●近代中国における物理学者集団の形成
第3回華人学術賞受賞　東京工業大学博士学位論文　清華大学助教授楊艦著　本体 14800 円＋税

●日本流通企業の戦略的革新―創造的企業進化のメカニズム
第3回華人学術賞受賞　中央大学総合政策博士学位論文　陳海権著　本体 9500 円＋税

●近代の闇を拓いた日中文学―有島武郎と魯迅を視座として
第4回華人学術賞受賞　大東文化大学文学博士学位論文　康鴻音著　本体 8800 円＋税

●大川周明と近代中国―日中関係のあり方をめぐる認識と行動
第5回華人学術賞受賞　名古屋大学法学博士学位論文　呉懐中著　本体 6800 円＋税

●早期毛沢東の教育思想と実践―その形成過程を中心に
第6回華人学術賞受賞　お茶の水大学博士学位論文　鄭萍著　本体 7800 円＋税

●現代中国の人口移動とジェンダー―農村出稼ぎ女性に関する実証研究
第7回華人学術賞受賞　城西国際大学博士学位論文　陸小媛著　本体 5800 円＋税

●中国の財政調整制度の新展開―「調和の取れた社会」に向けて
第8回華人学術賞受賞　慶應義塾大学博士学位論文　徐一睿著　本体 7800 円＋税

●現代中国農村の高齢者と福祉―山東省日照市の農村調査を中心として
第9回華人学術賞受賞　神戸大学博士学位論文　劉燦著　本体 8800 円＋税

●近代立憲主義の原理から見た現行中国憲法
第10回華人学術賞受賞　早稲田大学博士学位論文　晏英著　本体 8800 円＋税

●中国における医療保障制度の改革と再構築
第11回華人学術賞受賞　中央大学総合政策学博士学位論文　羅小娟著　本体 6800 円＋税

●中国農村における包括的医療保障体系の構築
第12回華人学術賞受賞　大阪経済大学博士学位論文　王岬著　本体 6800 円＋税

●日本における新聞連載 子ども漫画の戦前史
第14回華人学術賞受賞　同志社大学博士学位論文　徐園著　本体 7000 円＋税

●中国都市部における中年期男女の夫婦関係に関する質的研究
第15回華人学術賞受賞　お茶の水大学大学博士学位論文　于建明著　本体 6800 円＋税

●中国東南地域の民俗誌的研究
第16回華人学術賞受賞　神奈川大学博士学位論文　何彬著　本体 9800 円＋税

●現代中国における農民出稼ぎと社会構造変動に関する研究
第17回華人学術賞受賞　神戸大学博士学位論文　江秋鳳著　本体 6800 円＋税

華人学術賞応募作品随時受付！！

日本における新聞連載子ども漫画の戦前史

中国人民大学講師徐園博士著、竹内オサム・同志社大学大学院教授推薦。二〇一三年一月刊行。Ａ五判上製、三八四頁、定価7000円＋税。